قال تعالى : ﴿ قُلْ لَوْ كَانَ الْبَحْرُ مِدَادًا لِكَلِمَاتِ رَبِّي لَنَفِدَ الْبَحْرُ قَبْلَ أَنْ تَنْفَدَ كَلِمَاتُ رَبِّي وَلَوْ جِئْنَا بِمِثْلِهِ مَدَدًا (109) ﴾

مفاهيم حديثة في الرقابة

الداخلية والمالية

مفاهيم حديثة في الرقابة
الداخلية والمالية

الدكتور

مصطفى صالح سلامة

الطبعة الأولى

2010 م / 1431 هـ

دار البداية ناشرون وموزعون

المملكة الأردنية الهاشمية
رقم الإيداع لدى دائرة المكتبة الوطنية (2009/11/4483)

352.4
سلامة ، مصطفى صالح
مفاهيم حديثة في الرقابة الداخلية والمالية / مصطفى صالح سلامة
_ عمان: دار البداية ناشرون وموزعون ، 2009.
( ) ص.
ر.أ: (2009 / 11 / 4483)
الواصفات: / التدقيق المالي // الرقابة المالية // ادارة الاعمال // الرقابة الداخلية /

* أعدت دائرة المكتبة الوطنية بيانات الفهرسة والتصنيف الأولية
*يتحمل المؤلف كامل المسؤولية القانونية عن محتوى مصنفه ولا يعبر هذا المصنف عن رأي دائرة المكتبة الوطنية او أي جهة حكومية أخرى .

الطبعة الأولى

2010م /1431 هـ

دار البداية ناشرون وموزعون
عمان - وسط البلد
هاتف: 4640679 6 962+ تلفاكس: 4640597 6 962+
ص.ب 510336 عمان 11151 الأردن
Info.daralbedayah@yahoo.com
مختصون بإنتاج الكتاب الجامعي
ISBN: 978-9957-82-020 -6 (ردمك)

الإهداء

إلى الوالدين

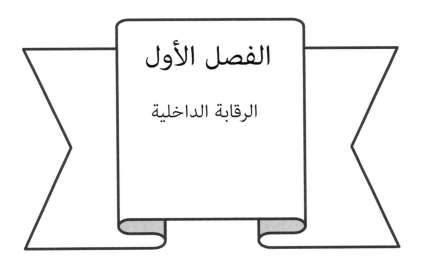

الفصل الأول

الرقابة الداخلية

الرقابة الداخلية

الرقابة هي إجراء أو عمل تقوم به الإدارة لضمان إنجاز الأهداف المرسومة. وقد أدى ظهور المشروعات الكبيرة إلى زيادة الاهتمام بالرقابة الداخلية باعتبارها نظاما يساعد الإدارة في الوفاء بأهدافها. والرقابة الداخلية تعتبر مرادفا للرقابة داخل التنظيم وقد ارتبطت الرقابة الداخلية في مراحلها الأولى بحماية النقدية باعتبارها أكثر الأصول عرضة للتلاعب والاختلاس. وتتحقق هذه الحماية بإتباع الوسائل الكفيلة بحماية النقدية من السرقة والاختلاس.وتتحقق هذه الحماية بإتباع الوسائل الكفيلة بحماية النقدية من السرقة والاختلاس مثل تحديد واجبات ومسؤوليات أمين الخزينة، والفصل بين الاختصاصات المتعارضة مثل عمليات التحصيل وعمليات التسجيل. بعد ذلك امتدد اهتمام الرقابة الداخلية إلى رقابة المخزون وغيره من الأصول الأخرى وكانت الرقابة الداخلية تعرف في ذلك الوقت باسم: الضبط الداخلي ثم توسعت الرقابة الداخلية بعد ذلك لتتضمن الوسائل الكفيلة بضمان صحة البيانات المحاسبية ودقتها.

العوامل التي ساعدت على تطور الرقابة الداخلية واتساع نطاقها:

لقيت أنظمة الرقابة الداخلية في السنوات الأخيرة عناية كبيرة واهتماما بالغا من المحاسبين والمراجعين وإدارة المنشآت. وقد ساعد على ذلك عدة عوامل يمكن إيجازها فيما يلي:

1. تزايد نطاق المشروعات وحجمها

مما أدى إلى تعقيد وتشعب هياكلها التنظيمية. وحتى يمكن مراقبة العمليات بفاعلية يجب أن تعتمد الإدارة على العديد من التقارير والتحليلات التي توفر فيها درجة عالية من الثقة.

2. اضطرار الإدارة إلى تفويض السلطات والمسؤوليات إلى بعض الإدارة الفرعية وهذا يكون واضحا في الشركات المساهمة حيث انفصال أصحاب رؤوس الأموال عن الإدارة الفعلية لها بسبب كثرت عددهم وتباعدهم، ولذلك نراهم ممثلين في العينة العامة للمساهمين يسندون الإدارة إلى جزء منتخب منهم (مجلس الإدارة) وهذا المجلس غير قادر على إدارة الشركة بمفرده، لذلك يقوم بتفويض السلطات إلى إدارات الشركة المختلفة والإخلاء مسؤوليته أمام المساهمين يقوم بتحقيق الرقابة على أعمال هذه الإدارات

المختلفة عن طريق وسائل ومقاييس وإجراءات الرقابة الداخلية التي تؤدي إلى اطمئنان مجلس الإدارة إلى سلامة العمل بالشركة.

3.   حاجة الإدارة إلى بيانات دورية دقيقة.

لا بد لإدارة المشروع من الحصول على عدة تقارير دورية عن الأوجه المختلفة لنشاطه من اجل اتخاذ المناسب واللازم من القرارات لتصحيح الانحرافات ورسم سياسة الشركة في المستقبل ولذلك لا بد من وجود نظام رقابة سليم يطمئن الإدارة إلى صحة التقارير التي تقدم لها وتعتمد عليها في اتخاذ قراراتها.

4.   مسؤولية الإدارة عن حماية موارد المنشأة من الضياع والاختلاس وسوء الاستخدام. يجب على الإدارة توفير نظام رقابة داخلي سليم حتى تخلي نفسها من المسؤولية المترتبة عليها في منع الأخطاء والغش وسوء الاستخدام.

5.   حاجة مؤسسات الحكومة وإدارتها إلى بيانات دقيقة.

تحتاج الجهات الحكومية إلى بيانات دقيقة عن المنشآت المختلفة العاملة داخل البلد لتستعملها في التخطيط الاقتصادي والرقابة الحكومية والتسعير وغيرها من الأسباب. فإذا ما طلبت هذه المعلومات من منشأة ما، عليها تحضيرها بسرعة ودقة، وهذا هو الأمر الذي لا يتسنى لها ما لم يكن نظام الرقابة الداخلية المستعمل قويا ومتماسكا.

6. تطور إجراءات التدقيق:

لقد تحولت عملية التدقيق من كاملة تفصيلية إلى اختباريه تعتمد على أسلوب العينة الإحصائية، ذلك الأسلوب الذي يعتمد في تقرير حجمه وكمية اختباراته على درجة متانة نظام الرقابة الداخلية المستعمل في المشروع المعني.

هذه العوامل السابقة مجتمعة أدت إلى الاهتمام بأنظمة الرقابة الداخلية وتطويرها مفهوما وأسلوبا وإجراءات.

طبيعة الرقابة الداخلية:

مفهوم الرقابة الداخلية:

نتيجة الدور الهام الذي تلعبه أنظمة الرقابة الداخلية في نجاح الشركات فقد حظيت باهتمام الهيئات المحاسبية المتخصصة التي سعت إلى تطوير مفهوم الرقابة الداخلية بصورة مستمرة. وكأن أول تعريف لها هو التعريف الذي وضعته جمعية المدققين الأمريكيين ونص على أن:

الرقابة الداخلي هي الإجراءات والطرق المستخدمة في الشركة من أجل الحفاظ على النقدية والأصول الأخرى بجانب التأكد من الدقة الكتابية لعملية مسك الدفاتر ونتيجة للتطور في الجانبين الاقتصادي والإداري والتنبه لأهمية

الحفاظ على الأصول الأخرى بالإضافة للنقدية، تم تعديل وتطوير تعريف الرقابة الداخلية، فقامت لجنة طرائق التدقيق المنبثقة عن المعهد الأمريكي للمحاسبين القانونيين بتعريف الرقابة الداخلية على أنها:

تشمل الخطة التنظيمية ووسائل التنسيق والمقاييس المتبعة في المشروع بهدف حماية أصوله وضبط ومراجعة البيانات المحاسبية والتأكد من دقتها ومدى الاعتماد عليها وزيادة الكفاية الإنتاجية وتشجيع العاملين على التمسك بالسياسات الإدارية الموضوعية.

الأهداف الرئيسية للرقابة الداخلية:

تكمن الأهداف الرئيسية للرقابة الداخلية في الأمور الآتية:

1. تنظيم المشروع لتوضيح السلطات والصلاحيات والمسؤوليات.
2. حماية أصول المشروع من الاختلاس والتلاعب.
3. التأكد من دقة البيانات المحاسبية حتى يمكن الاعتماد عليها في رسم السياسات والقرارات الإدارية.
4. رفع مستوى الكفاية الإنتاجية.
5. تشجيع الالتزام بالسياسات والقرارات الإدارية.
6. تقييم مستويات التنفيذ في الأقسام المختلفة في المنشأة.

من خلال هذه الأهداف نلاحظ أن الرقابة الداخلية تشتمل على جوانب محاسبية واقتصادية وإدارية.

جوانبها المحاسبية: حماية الأصول والتحقق من صحة البيانات والقوائم المحاسبية وزيادة درجة الاعتماد عليها.

جوانب محاسبية واقتصادية: أساليب التخطيط وبحوث العمليات والموازنات التخطيطية والتكاليف المعيارية والانحرافات وأسبابها وأساليب مراجعتها.

جوانب اقتصادية: مرتبطة بزيادة الكفاءة التشغيلية أي تحقيق الاستغلال الأمثل للموارد المتاحة لمنع الإسراف والضياع العادم والتلف وأعطال التجهيز الآلي.

جوانب إدارية: تشجيع العاملين على الالتزام بالسياسات والأهداف الموضوعة من قبل الإدارة ودراسة الزمن والحركة، وبرامج تدريب العاملين والرقابة على الجودة.

أنواع الرقابة الداخلية:

تقسم الرقابة الداخلية إلى الأقسام التالية:

1. الرقابة الإدارية:

وتشمل الخطة التنظيمية ووسائل التنسيق والإجراءات الهادفة لتحقيق أكبر قدر ممكن من الكفاية الإنتاجية مع تشجيع الالتزام بالسياسات والقرارات الإدارية وهي تعتمد في سبيل تحقيق أهدافها وسائلا متعددة مثل الكشوفات الإحصائية ودراسات الوقت والحركة، وتقارير الأداء، والرقابة على الجودة، والموازنات التقديرية، والتكاليف المعيارية واستخدام الخرائط والرسوم البيانية وبرامج التدريب المتنوعة للمستخدمين.

2. الرقابة المحاسبية:

وتشمل الخطة التنظيمية وجميع وسائل التنسيق والإجراءات الهادفة إلى اختبار دقة للبيانات المحاسبية المنبثقة بالدفاتر والحسابات ودرجة الاعتماد عليها ويضم هذا النوع وسائل متعددة منها – على سبيل المثال – إتباع نظام القيد المزدوج واستخدام حسابات المراقبة (الإجمالية) وإتباع موازين المراجعة الدورية وإتباع نظام المصادقات، واعتماد قيود التسوية من موظف مسؤول، وجود نظام مستندي سليم

ونظام التدقيق الداخلي، وفصل الواجبات بموظف الحسابات عن الواجبات المتعلقة بالإنتاج والتخزين.

3. الضبط الداخلي:

ويشمل الخطة التنظيمية وجميع وسائل التنسيق والإجراءات الهادفة إلى حماية أصول المشروع من الاختلاس والضياع أو سوء الاستعمال، ويعتمد الضبط الداخلي في سبيل تحقيق أهدافه على تقسيم العمل مع المراقبة الذاتية، حيث يخضع عمل كل موظف لمراجعة موظف آخر يشاركه تنفيذ العملية، كما يعتمد على تحديد الاختصاصات والسلطات والمسؤوليات.

المقومات الأساسية لأنظمة الرقابة الداخلية:

يجمع الباحثون في التدقيق على أنه لا بد من توافر المقومات الرئيسية الثالثة في نظام الرقابة الداخلية السليم:

1. خطة تنظيمية.
2. نظام محاسبي سليم.
3. تحديد الاختصاصات والمسؤوليات.
4. مجموعة من العاملين الأكفاء.

5. استخدام الوسائل الآلية والإلكترونية.
6. تقييم الأداء.

وفيما يلي عرض موجز لهذه المقومات:

أولاً: خطة تنظيمية:

قد تختلف الخطة التنظيمية من مشروع لآخر إلا أن أي خطة تنظيمية مناسبة يجب أن تكون مبسطة ومرنة فأي قرار ومبدأ لا يعني جموده، بلا هو قابل للتعديل والتطوير باستمرار، كما يجب أن تضع حدودا واضحة للسلطة والمسؤولية والعامل الهام في أي خطة تنظيمية هو الاستقلال التنظيمي لوظائف التشغيل والاحتفاظ بالأصول والمحاسبة عنها والرقابة الداخلية ويتطلب الاستقلال التنظيمي تقييم الواجبات بطريقة تمكن من جعل السجلات الموجودة بها خارج أي إدارة بمثابة وسيلة للرقابة على ما يجري على هذه الإدارة.

وبالرغم من أن الاستقلال التنظيمي يتطلب هذا الانفصال إلا أن عمل جميع الإدارات يجب أن ينسق بحيث يؤدي إلى تدفق منتظم للعمل مع تحقيق كفاية عاليه له، وبجانب المسؤولية يجب أن يسير تفويق السلطة حتى تباشر هذه المسؤولية وأن تحدد بصور واضحة في خرائط تنظيمية، فتعارض الاختصاصات يجب تجنبها.

ثانياً: نظام محاسبي سليم:

وجود نظام محاسبي سليم يستند إلى مجموعة متكاملة من الدفاتر والسجلات ودليل مبوب للحسابات ومجموعة من المستندات تعني باحتياجات المشروع، وتصميم لدورات محاسبية مستنديه تحقق رقابة فعالة، ويجب أن يراعى في المستند البساطة والوضوح حتى يسهل مهمة على من يستعمله ويجب أن يخدم ذلك السجل أو المستند هدفا من أهداف إدارة المشروع كما يجب أن يراعي في تصميمه كافة استخداماته المحتملة حتى تقلل من تغيير النماذج كل حين. هذا كما يجب أن يراعي في تصميمه ما يكفل تحقيق رقابة داخلية فعالة في ا لمراحل التي يمر فيها المستند.

أما الدليل المحاسبي فيجب أن يراعي في تصميمه تسيير إعداد القوائم المالية بأقل جهد و كلفة ممكنة، وأن يتضمن الحسابات اللازمة والكفاية لتمكين الإدارة من أداء مهمتها الرقابية. واشتمال الدليل على حسابات مراقبة والفصل الواضح بين العناصر الإيرادية والرأسمالية من نفقات وإيرادات، وتضمن الدليل نظاما دقيقا لترقيم الحسابات بما يكفل السرعة والاختصار ويساعد على تسهيل استخدام أنظمة المحاسبة الآلية.

ثالثاً: تحديد الاختصاصات والمسؤوليات:

يتطلب تحديد الاختصاصات والمسؤوليات تقسيم العمل، ويقصد بتقسيم العمل في هذا المجال وجود أشخاص مسؤولون عن المحافظة على الممتلكات والعمليات فالشخص المسؤول عن المحافظة على أصول المشروع تكون لديه الفرصة في استخدام هذه الأصول استخداما شخصيا سواء لديه الرغبة أو ليس لديه هذه الرغبة. وحتى يتمكن من حسن محاسبته يجب أن يحتفظ شخص أخر بسجل عن قيمة وكميات الأصل الذي في عهده الأول.فمن الواضح أنه إذا أعطيت مسؤولية الرقابة على الأصل والسجل الخاص بهذا الأصل لشخص واحد فإنه يجمع بين يديه الأصل نفسه والمحاسبة عن هذا الأصل، وبالتالي لن تكون عملي رقابة وإذا أريد فرض رقابة عليه فيجب أن تعطي لشخص آخر مهمة الرقابة على الأصل عن طريق سجله.

رابعاً: مجموعة من العاملين الأكفاء:

يعتبر هذا العنصر من المقومات المهمة للرقابة الداخلية، خاصة في حالة ضعف الضوابط الرقابية، إذ أن كفاءة هؤلاء الأشخاص وأمانتهم ستؤدي إلى عدم حدوث الأخطاء والمخالفات أو تقليلها، وإلى إعداد قوائم مالية سليمة والعكس في حالة وجود ضوابط رقابية قوية، ولكن مع أشخاص غير أكفاء وغير موثوق بهام

فإننا نتوقع تحايلهم على هذه القواعد والضوابط الرقابية، ويتطلب وجود مجموعة من العاملين الأكفاء والموثوق بهم،ضوابط تضعها إدارة المنشأة مثل التحري عن شاغلي الوظائف التي تتطلب قدرا من الأمانة والثقة، التأكد من كفاءة العاملين قبل اختيارهم، توفير البرامج التدريبية لتنمية كفاءة العاملين وأيضا التأمن على شاغلي الوظائف المهمة ضد خيانة الأمانة لدى شركات التأمين.

خامساً: استخدام الوسائل الآلية والإلكترونية:

يؤدي استخدام الوسائل الآلية والالكترونية في أنجاز الأعمال المحاسبية إلى سرعة انجازها وتقليل الأخطاء، ورفع كفاءة العمل المحاسبي، فاستخدام الآلات الحاسبة يساعد على إنجاز العمليات الحسابية بقة كبيرة وسرعة فائقة، كذلك تساعد الآلات تسجيل النقدية في ضبط حركة النقدية المحصلة، كما أن الحاسبات الإلكترونية تعطي نتاج دقيقة وسرعة فائقة.

سادساً تقييم الأداء:

لتقييم الأداء لا بد من وجود تعليمات واضحة تبين كيفية تنفيذ كل عملية مالية حتى تستخدم لتقييم الأداء الفعلي، وهذه التعليمات مهما بلغت من الدقة فإنها لا تضمن وجود الأداء الجيد لذلك يجب على الإدارة التأكد من قيام الموظفين بحرص للتأكد من إتباعهم لتلك التعليمات، وإذا لم تكن متبعة يجب

تحديد الأسباب التي أدت إلى ذلك واتخاذ الإجراءات المناسبة للتصحيح ويجب أن لا يقتصر الأمر على الإدارة العليا بل أن تتم عملية المراجعة في جميع المستويات الإدارية.

ثانياً: الإجراءات التنفيذية لتحقيق خصائص الرقابة الداخلية وأسسها:

لتحقيق المقومات الرئيسية لنظام الرقابة الداخلية التي سبق ذكرها لا بد من اتخاذ الإجراءات التالية لتحقيق تلك المقومات:

أ. إجراءات تنظيمية وإدارية: وتضم النواحي التالية:

1. تحديد اختصاصات الإدارات والأقسام المختلفة بشكل يضمن عدم التداخل.
2. توزيع الواجبات بين الموظفين بحيث لا ينفرد أحدهم بعمل ما من البداية للنهاية، وبحيث يقع عمل كل موظف تحت رقابة موظف آخر.
3. توزيع المسؤوليات بشكل واضح يساعد على تحديد تبعية الخطأ أو الإهمال.
4. تقسيم العمل والفصل بين الوظائف التالية:

أ. وظيفة التصريح بالعملية	Authorized
ب. وظيفة الموافقة على العملية	Approved
جـ وظيفة تنفيذ العملية	Executed (operated)

Recorded in Accounting	د. وظيفة تسجيل العملية
naidotsuC –ship	هـ وظيفة الاحتفاظ بالأصول

5. تنظيم الأقسام حسب طبيعة كل قسم.

6. إيجاد روتين معين يتضمن خطوت كل عملية بالتفصيل بحيث لا يترك فرصة لاي موظف للتصرف الشخصي إلا بموافقة شخص آخر مسؤول.

7. توقيع الموظفين على السندات التي أعددها كإثبات قيامهم بهذا العمل.

8. إخراج المستندات من أصل وعدة صور وألوان مختلفة لكل إدارة صورة ذات لون معين.

9. تنقلات الموظفين من حيث لأخر بما لا يتعارض مع سير العمل.

10. ضرورة إعطاء كل موظف إجازته السنوية في أوقاتها.

ب. إجراءات محاسبية. وتتضمن النواحي التالية:

1. إصدار تعليمات بوجوب إثبات العمليات بالدفاتر فور حدوثها لأن هذا يقلل من فرص الغش والاحتيال أو يساعد الإدارة على الحصول على ما تريده من عمليات بسرعة.

2. إصدار التعليمات بعدم إثبات أي مستند ما لم يكمن معتمدا من الموظفين المسؤولين ومرفقة به الوثائق المؤيدة الأخرى.

3. عدم اشتراك موظف في مراجعة عمل قام به، بل يجب أن يراجعه موظف آخر.

4. استعمال ألآلات المحاسبية مما يسهل الضبط الحسابي ويقلل من احتمالات الخطأ ويقود إلى سرعة إنجاز العمل.

5. استخدام وسائل التوازن الحسابي الدوري مثل موازين المراجعة العامة وحسابات المراقبة الإجمالية... إلخ.

6. إجراء مطابقة دورية بين الكشوف الواردة من الخارج وبين الأرصدة في الدفاتر والسجلات كما في حالة البنوك والموردين ومصادقات العملاء...إلخ.

7. القيام بجرد مفاجئ دوريا للنقدية والبضاعة والاستثمارات ومطابقة ذلك مع الأرصدة الدفترية.

ج. إجراءات عامة: وتضم النواحي التالية:

1. التأمين على:

أ. ممتلكات وموجودات المنشأة ضد الأخطار حسب طبيعتها.
ب. المستخدمين الذين في حوزتهم عهد ضد خيانة الأمانة.

2. وضع نظام سليم لمراقبة البريد الوارد والصادر.

3. استخدام وسيلة الرقابة الحدية، بجعل سلطات الاعتماد متمشية مع المسؤولية فقد يختص رئيس الدائرة باعتماد الصرف في حدود مائتي دينار وهكذا.

4. استخدام وسائل الرقابة المزدوجة فيما يتعلق بالعمليات الهامة في المشروع كتوقيع الشيكات، وعهدة الخزائن النقدية...الخ.

5. استخدام نظام التفتيش بمعرفة قسم خاص بالمشروع في الحالات التي تستدعيها طبيعة الأصول بحيث تكون عرضة للتلاعب والاختلاس، وغالبا ما تناط هذه السلطة بقسم التدقيق الداخلي.

المعايير والقوانين بنظام الرقابة الداخلية:

بعد صدور أول تعريف للرقابة الداخلية اهتم0 الأدب المحاسبي بعدة جوانب مرتبطة بالرقابة الداخلية، وتبلورت هذه الاهتمامات حيث أصدرت الهيئات واللجان المختصة مجموعة من المعايير والقوانين لبيان الجوانب المختلفة للرقابة الداخلية ومن أهم هذه المعايير والقوانين ما يلي:

1. المعيار الثاني للعمل الميداني.

2. قانون منع الرشاوي.

3. تقرير لجنة كوهين.

وفيما يلي عرض موجز لهذه المعايير:

أولاً: المعيار الثاني للعمل الميداني:

يتطلب هذا المعيار من مدقق الحسابات أن يقوم بدراسة تقييم نظام الرقابة الداخلية سواء كانتمهمته محصورة في إبداء الرأي بالقوائم المالية أو في تقييم تقرير عن نظام الرقابة الداخلية وينص هذا المعيار على:

أنه يجب القيام بدراسة وافية وإجراء تقييم شامل لنظام الرقابة الداخلية المعمول به كأساس للاعتماد عليه أثناء القيام بمهمة التدقيق, وليجري على ضوئه تحديد مدى الاختبارات التي يجب أن تقتصر عليها إجراءات التدقيق الضرورية.

ومن دراسة هذا المعيار نرى أن المدقق الخارجي مسؤول عن فحص وتقييم أنظمة الرقابة الداخلية ويستطيع المدقق الخارجي نظرا لخبرته تقرير درجة الثقة التي ستوضع في ذلك النظام ومدى امكأنية الاعتماد عليه.

ثانياً: قانون منع الرشاوي:

صدر هذا القانون لكي يمنع الشركات الأمريكية التي تعمل خارج الولايات المتحدة من تقديم الرشاوي إلى الموظفين الرسميين في تلك البلاد، ومن أهم الأدوات

التي اعتبرها هذا القانون ضرورية لتحقيق أهدافه هو جود نظام الرقابة الداخلية بالإضافة إلى وجود نظام محاسبي سليم.

ثالثاً: تقرير لجنة كوهين:

وهي لجنة تابعة للمجمع الأمريكي للمحاسبين القانونيين وكلفت بدراسة مسؤولية المدقق الخارجي تجاه أنظمة الرقابة الداخلية، وأهم توصيات هذه اللجنة أنها طالبت بإصدار تقارير عن أنظمة الرقابة الداخلية المحاسبية، وأن يتم الإفصاح عن نواحي الضعف ذات الأهمية النسبية العالية فيها من قبل مدقق الحسابات.

علاقة الرقابة الداخلية بالإدارة والمدقق الخارجي:

أولاً: الرقابة الداخلية والإدارة:

يقع على الإدارة مسؤولية وضع نظام فعال للرقابة الداخلية والإشراف عليه بحيث يكون تحت مراجعة دورية لتحديد ما إذا كانت:

أ.   السياسات الموضوعة يتم تنفيذها بدقة.
ب.   التغيرات في ظروف العمل قد جعلت الإجراءات معقدة أو غير ملائمة للظروف الحالية.

ج.‏ تستخدم بسرعة وسائل تصحيح فعالة عند ظهور أي انحراف في النظام وتسعى إدارة التدقيق الداخلي الجهة التي تتمكن من مد الإدارة بالمعلومات الخاصة بتطبيق نظام الرقابة الداخلية ومدى فاعليته.

ثانياً: مسؤولية المدقق بالنسبة لأنظمة الرقابة الداخلية:

1.‏ خطوات أساسية يقوم بها المدقق بالنسبة لأنظمتها فإجراءات التدقيق تختلف من مهمة لأخرى إلا أنه على المدقق القيام بالخطوات الأساسية وهي واحدة في جميع المهمات.

     أ.‏ فحص الرقابة الداخلية وإعداد ملخص له يوضح ضمن أدوات التدقيق.

     ب.‏ فحص واختيار طريقة عمل نظامها ومدى توافقها مع ما هو مدون.

     ج.‏ تقييم فعالية نظام الرقابة الداخلية.

     د.‏ إعداد تقرير عنها وتقديمه للإدارة تضمنا توصيات تحسينية.

2.‏ مسؤوليات بالنسبة للرقابة الإدارية:

لا يعتبر المدقق الخارجي مسؤولا عن فحص وتقييم وسائل وإجراءات ومقاييس الرقابة الإدارية لأنها تهدف إلى تحقيق أكبر كفاية إنتاجية وضمان الالتزام بالسياسات الإدارية لأنا عادة ترتبط بطريقة غير مباشرة بالبيانات المالية

والمحاسبية وقد تبين للمدقق أن بعض أساليب أو وسائل الرقابة الإدارية في ظروف معينة له تأثير عام أو علاقة واضحة بمدى دلالة القوائم المالية وإمكانية الاعتماد عليها، فعليه في هذه الحالات دراسة وتقييم وفحص هذه الأساليب والوسائل للرقابة الإدارية.

3. مسؤوليته بالنسبة للرقابة المحاسبية:

يعتبر المدقق الخارجي مسؤولا مسؤولية كاملة عن دراسة وتقييم وفحص وسائلها وأساليبها حيث تتعلق تلك الوسائل والأساليب مباشرة وجوهريا بالبيانات والقوائم المالية وتأثيرها مباشر على مدى دلالة القوائم المالية

وقصور وسائلها أو عدم توفرها يؤدي إلى توسيع نطاق عملية التدقيق وزيادة كمية الاختبارات وفحص للدفاتر والسجلات.

4. مسؤوليته بالنسبة للضبط الداخلي:

يعتبر مسؤولا عن دراسة وفحص وتقييم الضبط الداخلي ووسائله وأساليبه المطبقة فعلا. ويعود ذلك لأن الضبط الداخلي يهدف إلى حماية الأصول والموارد والموجودات ضد التلاعب والاختلاس وسوء الاستعمال.

التدقيق الداخلي والتدقيق الخارجي:

سيتم تناول التدقيق الداخلي والتدقيق الخارجي وكما مبين أدناه:

أولاً: التدقيق الداخلي، مفهومة وأهدافه ومجالاته:

تقسم عملية التدقيق من حيث الهيئة التي تقوم بها إلى تدقيق داخلي وتدقيق خارجي فالتدقيق الداخلي يقوم به موظفون تابعون لإدارة المشروع، بينما يقوم بالتدقيق الخارجي مدققو حسابات يتمتعون باستقلال وحياد وتأمين عن إدارة المشروع.

والتدقيق الداخلي هو أحد الوسائل الفعالة للرقابة الداخلية ويمكن تعريف التدقيق الداخلي بأنه نشاط تقييمي مستقل، ينشأ داخل المؤسسة لتدقيق العمليات كخدمة للإدارة وهو وسيلة رقابية إدارية تعمل على قياس وتقييم فعالية وسائل الرقابة الأخرى.

يمكن تقسيم أهداف ووظائف التدقيق إلى أساسية وثانوية:

أ.   الأهداف الأساسية: وهي تحقق ضمان تحقيق أقصى كفاية إنتاجية ممكنة وأهمها:

1. التأكد من إتباع السياسات والإجراءات الموضوعة ومدى الالتزام به.
2. تقييم الخطط والسياسات والإجراءات الموضوعة.
3. المحافظة على أموال وموارد المنشأة والمحافظة من الاختلاس وسوء الاستعمال.
4. التحقق من دقة البيانات المحاسبية (اتخاذ القرارات ورسم السياسات والخطط)

أ. الالتزام بتزويد الهيئات الإدارية المختلفة ببيانات محاسبية دقيقة وصادقة.
ب. الالتزام بتزويد المستويات الإدارية بالمفارقات والتحليلات والدراسات والبيانات والتقارير المالية والإحصائية.

5. رفع الكفاءة الإنتاجية باقتراح ما تراه من تعديلات وتحسينات ملائمة.

ب. الأهداف الثانوية:

يقوم التدقيق الداخلي بتقديم خدمات شتى للإدارة أهمها:

1. تنفيذ برامج التدريب التي تنظمها إدارة الأفراد للعاملين الجدد والقدامى.
2. بذل جهد العاملين على حسن أداء واجباتهم بدقة وعناية وبدون تأخير.
3. منح أو الحد من ارتكاب الأخطاء والغش والتلاعب.

4.   القيام بدراسات وبحوث بناء على طلب الإدارة.

مجالات التدقيق الداخلي:

يمكن تقسيم عمل المدقق الداخلي إلى قسمين رئيسيين هما:

التدقيق المالي والتدقيق الإداري (التنفيذي) ويتناول التدقيق المالي التحقق من وجود الأصول ووجود الحماية المناسبة لها لمنع الاختلاسات والإهمال، كما يتناول فحص النظام المحاسبي وفعاليته.

أما التدقيق الإداري فيتجاوز دور المدقق الداخلي هنا الناحية المحاسبية إلى جميع أقسام الشركة، لرؤية مدى التقيد بسياسات المشروع المرسومة وخططه وعليه هنا ممارسة الحذر كله عند تعرضه للنواحي الإدارية لأنها تبعد عن مجاله الرئيسي، فعليه مثلا عدم التعرض لنواحي تقنية تكون في الواقع أبعد من حدود معرفته.

أما أسلوب تنفيذ العمل في التدقيق الداخلي فيمكن تلخيصه في الخطوات التالية:

1.   معرفة العمل المراد إنجازه والهدف منه.
2.   بناء برنامج تدقيق يناسب الهدف الموضوع ووضع الخطط للتنفيذ.
3.   فحص عينة للتأكد من سلامة الإنجازات.

4. مقارنة التنفيذ مع الخطط النظرية الموضوعة.

5. تقديم تقرير لمختلف المستويات الإدارية المعينة عن الإنجازات والفروقات وأسبابها وطرق حل المشكلات.

ثانياً: المدقق الداخلي والمدقق الخارجي:

بالرغم من أن كليهما يهدفان إلى رفع الكفاية الإنتاجية في المشروع، إلا أن هناك اختلاف فيما يلي:

1. **درجة الاستقلال:**

فالمدقق الداخلي لا يعدو كونه موظفا بالمشروع خاضعا بالتبعية لإدارته. أما المدقق الخارجي فالاستقلال عن إدارة المشروع هو أهم صفاته المهنية بل أحد المعايير العامة الواجب توفرها فيه. كما أن (قانون البنوك) اشترط في المدقق الخارجي أن لا يكون له مصلحة لدى البنك الذي يدقق حساباته لضمان عنصر الاستقلالية.

فقد جاء في فقرة (أ) من المادة (21) من قانون البنوك:

"على كل بنك مرخص أن يعين من بين فاحصي الحسابات القانونيين المرخصين بالعمل في المملكة سنويا مدققا لحساباته شريطة أن لا يكون هذا المدقق

مدينا للبنك المرخص وألا يكون له منفعة فيه، وألا يكون مديرا أو موظفا أو مستخدما أو وكيال للبنك المرخص ولا يعتبر إيداع المدقق لأمواله في البنك المرخص أو امتلاكه لأقل من 5% من أسهمه منفعة خاصة بفاحص الحسابات القانوني.

2. الفئات المخدومة:

بينما يهتم المدقق الداخلي باحتياجات الإدارة ورغباتها، فإن المدقق الخارجي يخدم احتياجات طوائف عدة منها الإدارة، وجمهور المساهمين وفئات الشعب المختلفة وأجهزة الدولة المتخصصة وغيرها.

3. نطاق العمل:

لقد تطورت عملية التدقيق الخارجي من تفصيلية إلى اختباريه تقوم على أسلوب العينة الإحصائية، وذلك لعدة عوامل منها ضيق الوقت وكثرة الجهد، وضخامة التكلفة. ولكن بما أن المدقق الداخلي يعمل باستمرار طوال العام لدى المشروع فإن لديه من الوقت ما يكفي لإجراء فحص تفصيلي موسع للعمليات.

4. **طبيعة العمل:**

ويأتي الاختلاف هنا بسبب الاختلاف في الفئات المخدومة، فيما أن المدقق يهدف إلى الخروج برأي محايد مستقل عن مدى دلالة القوائم المالية عن نتيجة الأعمال والمركز المالي تستفيد منه عدة طوائف عدا إدارة المشروع، فإن يوجه اهتمامه إلى العناصر التي تهتم بها تلك الفئات وهي عناصر المركز المالي ونتيجة الأعمال، أما المدقق الداخلي فإنه يخدم إدارة المشروع بصفة رئيسية – ولذلك يوجه اهتمامه إلى التدقيق في النظم المستعملة والسياسات المرسومة بقصد التأكد من تنفيذها واكتشاف أي انحراف وتعديله ن وهكذا فإن عمل ونشاط المدقق الداخلي لا ينحصر في نطاق المحاسبة والقوائم المالية كالمدقق الخارجي وإنما يتعداه إلى جميع نشاطات الشركة.

5. **النظرة إلى الرقابة الداخلية:**

يقوم المدقق الداخلي بدراسة وتقييم أنظمة الرقابة الداخلية بقصد العمل على تحسينها وإحكامها بينما يهدف المدقق الخارجي من وراء ذلك تقدير نطاق عملية التدقيق وجمع العينات وكمية الاختبارات اللازمة لذلك.

وبالرغم من نواحي الاختلاف هذه فإن مجال التعاون بين المدقق الداخلي والمدقق الخارجي يزيد من واسع فسيح. فليس من شك في أن وجود نظام سليم

للتدقيق الداخلي يزيد من اعتماد المدقق الخارجي على درجة متانة أنظمة الرقابة الداخلية واستعمال أسلوب العينة كذلك يستطيع المدقق الخارجي الإعتماد على إيضاحات المدقق الداخلي لما له من خبرة في عمليات وإجراءات المشروع شاملة كما يستطيع إعتماد بعض الكشوف والقوائم التحليلات التي أعدها المدقق الداخلي، كما يعتد على دقة أعمال قسم التدقيق الداخلي بالنسبة لفحص عمليات الفروع التي لا يمكن زيادتها.

ولكن رغم هذا التعاون الوثيق، فإن وجود نظام سليم للتدقيق لا يغني عن تدقيق الحسابات بواسطة مدقق خارجي محايد مستقل.

الرقابة الداخلية على النقدية بالبنوك:

تمهيد يستعمل لفظ " النقدية " في البنوك للدلالة على الشيكات والعملات المودعة في البنوك لحساب المنشأة، علاوة على الإيداعات بالطريق وتنقص هذه الشيكات المسحوبة سواء تم صرفها أو لم يتم بعد. أما الودائع بإشعار وحسابات التوفير، والودائع الأخرى المشروطة فتعتبر ضمن النقدية على أنها منفصلة بالميزانية خاصة إذا كانت مبالغها ذات أهمية نسبية.

- ويهدف نظام الرقابة الداخلية على النقدية إلى توفير تأكيدات كافية بخصوص.

- تحصيل كافة المبالغ الواجب تحصيلها.
- المبالغ التي تصرف تتم في الأوجه والحدود المصرح بها.
- تسجيل كافة المقبوضات والمدفوعات بسرعة ودقة.
- وجود حماية كافية ومناسبة على الأرصدة النقدية.
- الالتزامات بالسياسات الإدارية ووسائل الرقابة الموضوعة بخصوص النقدية ويطلب توفير مثل هذه التأكيدات أن يستند هذا النظام إلى مجموعة من المقومات تشمل الفصل الواضح بين المسؤوليات الوظيفية – إجراءات الاعتمال والتسجيل وحماية الأصول – إجراءات التدقيق الداخلي.

وسوف أتناول فيما يلي كل من هذه المقومات.

أولاً: الفصل بين المسؤوليات الوظيفية:

يعتبر الفصل بين المستويات الوظيفية نقطة البداية في بناء أي نظام فعال للرقابة الداخلية وبالنسبة للنقدية يتعين الفصل بين مسؤولية التصريح بالعمليات النقدية، تنفيذ هذه العمليات، تسجيلها بالدفاتر، والاحتفاظ بالنقدية كعهدة.

ثانياً: إجراءات الاعتماد والتسجيل وحماية الأصول:

تختلف هذه الإجراءات من بنك لآخر، ومع ذلك فإن هناك خطوطا عريضة يجب توافرها لتحقيق رقابة فعالة على النقدية وحركتها وتشمل:

أ. إجراءات عامة لحماية النقدية.
ب. إجراءات المقبوضات.
ج. إجراءات المدفوعات.

أ. إجراءات عامة لحماية النقدية:

بالإضافة إلى الفصل الواضح بين المسؤوليات الوظيفية يقتضي الأمر وضع مجموعة من الترتيبات والإجراءات العامة لحماية النقدية وتشمل:

1. تحويل النقدية لدى الفروع إلى المركز الرئيسي يوميا.
2. التأمين على النقدية والموظفين الذين يعهد إليهم مهمة حيازتهم.
3. التفتيش والجرد المفاجئ.
4. تغيير الواجبات كلما أمكن - وبما لا يضر بمصلحة العمل -.
5. تطبيق وسائل الرقابة الأحادية والرقابة المزدوجة.
6. الرقابة على البريد الوارد.

7. وجود توثيق كاف.

ب. إجراءات المقبوضات:

تختلف إجراءات التحصيل من بنك لآخر وأيضا تبعا لطريقة التحصيل ومع ذلك فإن الخطوط العريضة لإجراءات التحصيل تشمل.

1. استلام النقدية: يتم استلام المقبوضات عن طريق موظفين مصرح لهم بذلك. وبعد إذن استلام نقدية بمعرفة موظف بخلاف الصراف ويعتمد من شخص مسؤول. ويجب أن تكون هذه الأذون ذات أرقام متسلسلة مطبوعة.
2. استخراج إيصالات المقبوضات: يتعين استخراج إيصال عن كل مبلغ يحصل (نقدا أو بشيك) وتكون هذه الإيصالات ذات أرقام متسلسلة مطبوعة تتم المحاسبة عليها وتحمل اسم البنك.
3. إثبات المقبوضات بالدفاتر: يخصص دفتر لإثبات حركة النقدية (مقبوضات - مدفوعات) يزود بالأعمدة التحليلة المناسبة التي توضح مصادر المبالغ المحصلة والأوجه التي تم توجيه المدفوعات إليها طبقا لمستند توجيه محاسبي يرفق به مستندات التحصيل أو الصرف.

- أن تستند مهمة التسجيل بدفتر المقبوضات لموظف بخلاف الصراف أو المسؤول عن الترحيل للحسابات الشخصية للعملاء أو المسؤول عن الترحيل للأستاذ العام.
- عدم التأخير في إثبات المقبوضات بالدفاتر وترحيلها للحسابات الخاصة بها ويترتب على تأخير إثبات المقبوضات بالدفاتر إمكانية حدوث أخطاء بالتسجيل، بالإضافية إلى احتمال كون هذا التأخير مقصودا لغرض تغطية نوع من الاختلاسات. وذلك بأن يتم اختلاس مبلغ من المقبوضات من أحد العملاء ولا يثبت بالدفاتر، وعندما يطلب هذا العميل كشفا بحسابه تستخدم المقبوضات الأخيرة من عميل آخر في تغطية حساب العميل الأول. وهكذا حتى يبقى المبلغ المختلس لأطول فترة ممكنة للمقبوضات.
- التحقق من سلامة التوجيه المحاسبي للمقبوضات بالحسابات المناسبة بالشكل الذي يحقق دقة وإمكانية الاعتماد على البيانات المحاسبة المثبتة بالدفاتر.

4. إيداع المقبوضات في المركز الرئيسي للبنك:

يتعين إيداع جميع المتحصلات النقدية في نهاية كل يوم دون أن تمس في المركز الرئيسي للبنك وقد لا تسمح الظروف بإيداع المبالغ في نهاية اليوم ففي هذه الحالة يجب إيداعها في بداية اليوم التالي.

5. إجراء المقارنات: تجري المطابقة بمعرفة شخص مسؤول بين المبالغ المحولة إلى البنك الرئيسي طبقا لحوافظ الإيداع وإيصالات استلام النقدية وما تم تسجيله في دفتر المقبوضات للتحقق من أن المبالغ التي تم تحصيلها قد أثبت في الدفاتر.

ج. إجراءات المدفوعات:

تقتضي الرقابة الداخلية الفعالة على المدفوعات أن تتم المدفوعات الرئيسية بموجب شيكات، وقد تخصص عهدة نقدية كسلفه مستديمة لسداد مصروفات معينة تستلزمها طبيعة العمل بابنك أو عهدة للصرف على المصروفات النثرية، وتخضع المدفوعات بصفة عامة لإجراءات رقابية تشتمل خطوطها العريضة على النقاط التالية:

1. التحقق من وجود تصريح للصرف.
2. اعتماد مستندات الصرف.
3. إجراء الصرف.
4. الإثبات بالدفاتر.
5. إجراء المقارنة.

ثالثاً: التدقيق الداخلي للنقدية:

إن أبرز المهام التقليدية لقسم التدقيق الداخلي في البنك بالنسبة لحركة النقدية:

1. التحقق من مدى كفاية وفعالية الإجراءات المتبعة لحماية النقدية.
2. التحقق من الالتزام بالسياسات والإجراءات الإدارية الموضوعة لإحكام الرقابة على الأرصدة النقدية وحركتها تحصيلا وصرفا.
3. المحاسبة عن التسلسل الرقمي لأذون وإيصالات استلام للنقدية والشيكات الواردة، وإجراء المطابقة اليومية بين هذه الأذون والإيصالات وكشوف حركة المتحصلات وما تم تسجيله بدفتر يومية المقبوضات، التحقق من صحة التوجيه المحاسبي للمبالغ المحصلة.
4. التحقق من إيداع كافة المتحصلات بالبنك الرئيسي.
5. مراجعة مستندات الصرف قبل إصدار الشيكات حيث يتم التحقق من وجود تصريح بعملية الصرف وصحة المبلغ المطلوب صرفه والاستقطاعات منه والصافي، وأن البنك بالفعل حصل على خدمة.
6. مراجعة التوجيه المحاسبي للمبالغ المنصرفة وإثباتها بدفتر يومية المدفوعات وترجيلها للحسابات المناسبة أخذا في الحسبان تسلسل أرقام الشيكات الصادرة.

7. التحقق من استرداد البنك لأوراق الدفع التي يتم سداد قيمتها والتأشير عليها بالسداد أو الترحيل قد تم بحساب أوراق الدفع بالأستاذ العام.

8. مراجعة المستندات المقدمة لاستعاضة السلف المستديمة والعهدة النقدية قبل إصدار شيك لاستعاضة هذه السلف أو العهد.

9. مراجعة عمليات التجميع في دفاتر وكشوف المتحصلات والمدفوعات والتحقق من عدم وجود أخطاء في عملية التجميع قد تخفي ورائها عملية اختلاس.

10. المشاركة في جرد صناديق النقدية بالبنك والتحقق من مطابقة الجرد الفعلي للأرصدة التي توضحها الدفاتر.

تدقيق المقبوضات النقدية:

قبل الحديث عن تدقيق المقبوضات النقدية أود بإيجاز تدقيق النقدية بشكل عام بالخارطة الانسيابية التالية:

الخارطة الانسيابية لتدقيق النقدية بالبنك.

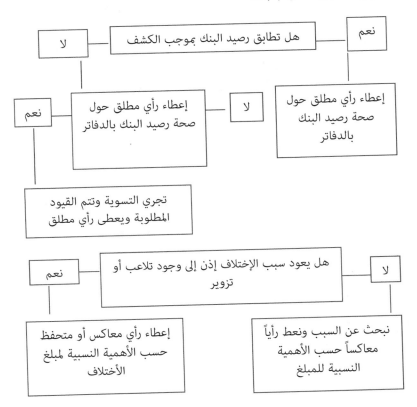

تدقيق المقبوضات النقدية:

يعتبر نظام المقبوضات النقدية جزءا هاما من دورة الإيراد، لذا من الضروري تقويم أوجه الرقابة الداخلية في هذا النظام، وكما في الحال المدفوعات

النقدية يجب على المدقق أن يراعي أهمية التوزيع الصحيح للواجبات بين وظائف الاعتماد، والحفظ والتسجيل.

إجراءات الحفظ:

1. يجب أن يفتح البريد والإرساليات من قبل موظفين مسؤولين على الأقل.
2. يجب أن يتم تستطيع جميع الشيكات أو الحوالات البريدية، وذلك بحيث ينحصر تحصيلها لصالح البنك.
3. يجب أن تمسك مذكرة خاصة بالنقدية.
4. يجب توريد جميع النقدية المتسلمة إلى المركز الرئيسي في نفس يوم وصولها.

توزيع الواجبات والاختصاصات:

1. يجب الفصل بين الوظائف التالية: فتح الإرساليات والبريد، تسجيل تفاصيل المقبوضات النقدية، والرقابة على أستاذ المبيعات.
2. يجب أن يتم فحص المقبوضات النقدية من قبل موظف مناسب تخول له سلطة تدقيق تفاصيل المقبوضات في مذكرة النقدية بالمقارنة مع السجلات الخاصة بهذه المقبوضات.

الرقابة الخاصة بالتسجيل:

1. يجب أن يتم تأكيد القيود في يومية المقبوضات النقدية بكشوف تسوية منتظمة.
2. يجب أن تراجع كشوف البنك بانتظام من قبل موظف مسؤول أو مستقل عن وظيفة التسجيل.

الاختبارات الجوهرية الخاصة بالمقبوضات النقدية:

1. مطابقة يومية النقدية بالسجلات الخاصة بالمقبوضات النقدية.
2. اختبار المجاميع رأسيا وأفقيا.
3. تتبع القيود المحاسبية الخاصة بالمقبوضات النقدية في كل من أستاذ المبيعات وأستاذ المدينين.
4. تفحص أية بنود من المقبوضات بحيرة أو غير عادية.
5. فحص القيود المحاسبية بالمقارنة مع إشعارات الإضافة الواردة من البنك الرئيسي ثم تتبع البنود القائمة إلى الفترة المالية اللاحقة.

الإطار التشريعي للرقابة والتدقيق الداخلي في الأردن:

يقتضي منا لبحث موضوع التشريعات الموجودة في الأردن والمتعلقة بالرقابة المالية والتدقيق الداخلي أن نحددها بخمسة أنواع هي: الدستور، القوانين، الأنظمة، التعليمات الصادرة بموجب الأنظمة، وبلاغات رئاسة الوزراء. وسوف نتطرق بشكل منفصل إلى ما ورد بالميثاق الوطني من فقرات ذات علاقة الجوانب المالية. ومن المهم جدا أن نشير إلى ما تضمنته هذه التشريعات من نصوص ذات العلاقة بسبب ما تشكله من جانب مهم لهذه الدراسة.

أولاً: الدستور:

تضمن الفصل السابع من الدستور الأردني الأحكام والقواعد الأساسية التي تنظم الشؤون والعمليات المالية في المملكة بما في ذلك الضرائب، والموازنة العامة الأنظمة المالية وديوان المحاسبة.

أما فيما يتعلق بالرقابة والتدقيق المالية فقد جاء في الدستور، أن لمجلس الوزراء بموافقة المالك أن يضع أنظمة من أجل مراقبة تخصيص وإنفاق الأموال العامة وتنظيم مستودعات الحكومة.

وأكد الدستور على أن جميع ما يقبض من الضرائب وغير من واردات الدولة يجب أن يؤدي إلى الخزانة المالية وأن يدخل ضمن موازنة الدولة ما لم ينص القانون على خلاف ذلك ولا يخصص أي جزء من أمواد الخزانة العامة ولا ينفق لأي غرض مهما كان إلا بقانون.

ونص الدستور على أن يشكل بقانون ديوان المحاسبة لمراقبة إيرادات الدولة ونفقاتها وطرق صرفها.

وعلى ضوء هذه النصوص الدستورية قامت الحكومة بإصدار القوانين والأنظمة والتعليمات المالية التي تهدف بشكل رئيسي إلى المحافظة على المال العام من التسيب والضياع وضبط الإنفاق العام لجميع الوزارات والدوائر والمؤسسات الحكومية.

وبإلقاء نظرة على نصوص الدستور نجد أنها تحتوي على المرونة الكافية، بحيث ألقت على كاهل الحكومة مهمة إصدار القوانين والأنظمة والتعليمات التي تتطلبها عمليات الرقابة والتدقيق المالي الداخلي.

ثانياً: القوانين:

بمقتضى النصوص الدستورية السابقة صدرت عدة قوانين ذات علاقة بالأمور المالية هي:

1. قانون تنظيم الموازنة العامة لسنة 1962، الذي حدد صلاحيات دائرة الموازنة العامة وواجباتها وجهة ارتباطها ومتطلبات مشروع قانون الموازنة.

حيث أن الموازنة تعتبر الصمام الرئيسي لعملية الرقابة المالية بحيث لا يمكن إجازة أية مستند صرف ما لم يكن له مخصصات في الموازنة.

2. قانون ديوان المحاسبة رقم (28) لسنة 1952، وتم تعديل بعض مواده بالقانون رقم (37) لسنة 1987.

واستنادا لها القانون أصبح ديوان المحاسبة مسؤولا أمام السلطة التشريعية ويقوم بعملية الرقابة الخارجية وتقع جميع الوزارات والدوائر الحكومية ومعظم المؤسسات العامة ضمن مسؤولياته ومن مهامه الرئيسية نذكر:

أ. مراقبة واردات الدولة ونفقاتها وحساب الأمانات والسلفات والقروض والتسويات والمستودعات على الوجه المبين في هذا القانون.

ب.   تقديم المشورة في المجالات المحاسبية للأجهزة الرسمية الخاضعة لرقابة الديوان.

كما نص قانون ديوان المحاسبة أيضا، إلى أن لديوان المحاسبة أن يوجه النظر إلى أي نقص يجده في التشريع المالي أو الإداري وله تعلق بالأمور المالية والحسابات معمول بها بدقة، وله أن يلفت النظر إلى أي تقصير أو خطأ وأن يبين رأيه في كفاية الأنظمة والتعليمات لتحقيق أغراض القوانين المالية.

ومن خلال ما ورد في نصوص قانون ديوان المحاسبة السابقة نجد أنها منحت صلاحيات واسعة للديوان يستطيع من خلالها أن يتدخل بكافة الأمور المالية المتعلقة بالمنظمات التي تخضع لصلاحياته. ولكن السؤال الذي يطرح نفسه، هل يقوم ديوان المحاسبة بمهامه على الوجه الأكمل ؟ فهذا الأمر سنتركه للدارسين في هذا المجال.

والذي يهمنا هنا ولأغراض هذه الدراسة هو أننا نستطيع أن نستدل من نصوص قانون ديوان المحاسبة هذه، الحد الأدنى لمهام وأعمال وحدات التدقيق المالي الداخلي في الوزارات والدوائر الحكومية الأردنية والتي يجب أن تكون أكثر تفصيلا وشمولا.

3. ومن القوانين ذات العلاقة أيضا نذكر قانون رسوم طوابع الواردات وجاء هذا القانون على شكل تحديد الرسوم الواجب اقتطاعها على المعاملات المالية المختلفة، ولم يتضمن أية بنود ذات علاقة بمهام أو أعمال وحدات التدقيق المالي. ولكن يجب أن يطلع كل مدقق صرف على هذا القانون ليتسنى له تحديد وتدقيق رسوم الطوابع بشكل صحيح.

ثالثاً: الأنظمة:

صدرت عدة أنظمة استنادا لمواد الدستور لها أهمية بالغة وتتعلق بعمليات الرقابة والتدقيق المالي ومن هذه الأنظمة نذكر النظام المالي، نظام اللوازم، نظام الانتقال والسفر، نظام الأشغال الحكومية.

والذي يهمنا منها هو النظام المالي مع ضرورة الإشارة إلى أنه لا يوجد نظام خاص يتعلق بعمليات التدقيق المالي الداخلي إنما هناك نصوص تطرقت لهذا بشكل غير مباشر وجاءت من ضمن النظام المالي نفسه.

وأشار النظام المالي رقم (38) لسنة 1978 إلى وحدات الرقابة المالية المرتبطة مباشرة بوزارة المالية المرتبطة مباشرة بوزارة المالية والتي من مهمتها فقط التدقيق الروتين على مستندات الصرف الخاضعة لقانون الموازنة العامة وقد نصت المادة على ما يلي:

أ.   تشكل وحدة رقابة مالية في كل دائرة بقرار من وزير المالية من موظف أو أكثر من موظفي وزارة المالية ممن تتوفر فيهم الكفاءة والخبرة في المحاسبة والتدقيق والأمور المالية، وتناط بها مسؤولية متابعة تطبيق أحكام هذا النظام، والتحقق من أن النفقات تجري في حدود المخصصات المرصودة لها وأن أنفاقها يتم للغايات التي رصدت من أجلها.

ب.   يرتبط وجود الرقابة المالية بمدير النفقات العامة في وزارة المالية.

كما ورد بالنظام المذكورة بنودا ذات علاقة بعمليات الجرد وموعد تقديم تقاريرها كأن نصها كما يلي:

أ.   يعين وزير المالية خلال شهر كانون الثاني من كل سنة لجأنا للتفتيش والجرد وموعد تقوم بالإعمال التي يجددها وزير المالية في التعليمات التي يصدرها لهذه الغاية بما في ذلك تعداد النقود والطوابع والأذون البريدية والأوراق المالية الأخرى في الدوائر ومراجعة أرصدتها في البنوك وجرد الصناديق فيها.

ب.   يترتب على لجأن التفتيش والجرد تقديم تقاريرها إلى وزير المالية في موعد أقصاه ثلاثة أسابيع من تاريخ تعيينها ليرفعها إلى رئيس الوزراء مع توصياته بشأنها.

رابعاً: التعليمات:

من أهم التعليمات التطبيقية التي صدرت بخصوص الشؤون المالية كالسنة 1989 استنادا للمادة (29) من النظام المالي:

فقد نصت هذه التعليمات في موادها على ذكر موضوع التدقيق الداخلي ولكن ليس بالوضوح المطلوب. فأوردت بأن على المدقق الداخلي في الدائرة ومحاسبي وزارة المالية ومدققيها والمراقب المالي أن يتحققوا من أن جميع قابضي الأموال قد قاموا بما يلي:

أ.   إيداع جميع مقبوضاتهم في البنك أولا بأول.

ب.   تقديم بيانات حسابية لجميع الأموال المقبوضة من قبلهم إلى رؤسائهم المباشرين.

ج.   مراقبة حركة جلود الوصول وتسلسل أرقامها والتأكد من أن إجراءات قبض الأموال تطبق بشكل صحيح.

وأشارت التعليمات إلى اصطلاح مدقق المقبوضات وبشكل غير واضح فمن هو المقصود بمدقق المقبوضات؟ هل هو المرتبط بجهاز وزارة المالية ؟ أم المرتبط بالوزارة أو الدائرة المعنية ؟ وباعتقاد الباحث لا يوجد مصطلح خاص بمدقق المقبوضات،

فعملية تدقيق المقبوضات، هي أحد مهام المدقق المالي، وبغض النظر عن موقعه، وكأن نص المادة المتعلقة بمدقق المقبوضات كما يلي:

يقوم مدقق المقبوضات بالمهام والواجبات التالية تحت طائلة المسؤولية:

أ. تدقيق البيان الحسابي (النسخة الأولى من دفتر الصندوق أو الإرساليات) وأرومة جلود الوصولات والرخص والقسائم وكذلك الفيش البنكية ومطابقتها مع المعلومات المدونة في البيان الحسابي.

ب. التأكد من صحة تسلسل أرقام الوصولات والرخص والقسائم ومطابقة المجموع النهائي مع محتويات مستند القبض والفيش البنكية.

ج. التأكد من أن المبالغ المقبوضة قد أودعت في البنك أولا بأول ودون تأخير.

د. إجراء مطابقة دورية لحجم المقبوضات للفترات الدورية المتماثلة.

هـ. ختم وتوقيع آخر نسخة مستعملة من وصول أو قسيمة أو رخصة مالية لمتابعة تسلسل الأرقام في البيانات الحسابية اللاحقة وكتابة اسمه بالكامل.

و. ختم وتوقيع آخر الحسابي ومستند القبض إشعارا بصحة المعلومات مع كتابة اسمه بالكامل.

كما نصت التعليمات التطبيقية على ضرورة إحالة مستند الصرف إلى وحدة التدقيق الداخلي التي عليها تدقيق جميع محتويات ومعززات مستند الصرف

ومدى موافقته للقوانين والأنظمة المالية ويوقع من قبل المدقق المختص إشعارا باكتمال الشروط المطلوبة مع كتابة اسمه من ثلاثة مقاطع والتاريخ.

وورد في الفصل الخامس من التعليمات المذكورة تحت عنوان رئيسي الرقابة الداخلية مادة واحدة فقط وهي تتعلق بوحدات الرقابة الداخلية المرتبطة بوزارة المالية وليست المرتبطة بالوزارات والدوائر المعنية.

ومن خلال ما سبق يتضح أن النظام المالي والتعليمات التطبيقية الصادرة بموجبه لم تتطرق لمهام ومسؤوليات وحدات التدقيق المالي الداخلي المرتبطة مباشرة بالهياكل التنظيمية للوزارات والدوائر الحكومية المعنية.

خامساً: بلاغات رئاسة الوزراء:

بسبب تزايد أهمية التدقيق المالي الداخلي والحاجة لها للمحافظة على المال العام وترشيد الأنفاق صدر بلاغ رئاسة الوزراء رقم (25) لسنة (1992)، والذي تضمن تشكيل لجنة مكونة من الأمين العام لوزارة المالية رئيسا وعضوية كل المستشار المالي لوزير المالية والمستشار المالي لرئيس ديوان المحاسبة والمستشار القانوني لديوان الخدمة المدنية، مهمتها وضع إطار عمل موحد لنشاط وحدات الرقابة الداخلية من ضمن الهياكل التنظيمية للوزارات والدوائر الحكومية

والمؤسسات الرسمية العامة التي لا زالت تفتقر إليها خلال شهر من تاريخه على أن يتم الانتهاء من أنشاء هذه الوحدات خلال شهرين من تاريخه.

ونتيجة ذلك صدر بلاغ رئاسة الوزراء رقم (31) لسنة 1992، والذي جاء إطارا تشريعيا مقبولا ينظم أعمال وحدات التدقيق الداخلي في الوزارات والدوائر الحكومية الأردنية.

وكأن الهدف العام من الرقابة الداخلية كما جاء في البلاغ هو مساعدة الإدارة العليا في الوزارات والدوائر الحكومية والمؤسسات الرسمية العامة إلى التأكد من أن الأهداف المحددة قد تم انجازها وفق الخطط والسياسات المرسومة وإلى تزويدها بالمعلومات والبيانات عما يجري على الواقع لغايات أحكام الرقابة والتقييم والمساءلة، وتضمن البلاغ أمورا تفصيلية عن هيكلية هذه الوحدات حيث أكد على ضرورة استحداث قسمين هما:

- قسم التدقيق والرقابة المالية الداخلية.
- قسم التدقيق والرقابة الإدارية الداخلية.

وتم وضع إطار عام لمهام وواجبات العمل في كلا القسمين. وثم التأكيد على ربط هذه الوحدات مباشرة بالوزير إذا كانت الوحدة تابعة لوزارة أو دائرة حكومية وبالمدير العام إذا كانت تابعة لمؤسسة رسمية عامة.

وتضمن البلاغ أيضا الحد الأدنى لمؤهلات العاملين في هذه الوحدات والتي يجـب أن لا تقـل عن الشهادة الجامعية الأولى.

وبهذا يكون هذا البلاغ قد عالج كثير من الثغرات التي كانت موجودة في تنظيم ومهام وحدات التدقيق الداخلي.

سادساً: الميثاق الوطني:

ونحن بصدد استعراض التشريعات التي تتعلق بالرقابة والتدقيق المالي في الأردن يستوقفنا الميثاق الوطني.

ففي التاسع من نيسان 1990 صدرت الإرادة الملكية السامية بتشكيل اللجنة الملكية لصياغة الميثاق الوطني والتي تألفت من ستين شخصية يمثلون مختلف القطاعات والتيارات والفعاليات السياسية في الأردن، ونستطيع أن نعتبر الميثاق بمثابة الدستور الذي حدد لنا مرتكزات وثوابت عامة نستهدي بها.

ومن المرتكزات والثوابت التي جاء بها فقرات وفصول الميثاق والتي نرى أنها ذات علاقة بعمليات الرقابة والتدقيق نذكر:

1. أكد الميثاق على أن الاقتصاد الوطني المتحرر من التبعية دعامة حقيقية من دعائم استقلال الوطن وأمنه وتقدمه، وهو يتحقق بالاعتماد على الذات

وتطوير القدرات الوطنية الكامنة، وترشيد استثمار ثروات الوطن وموارده وتقوية قاعدة الإنتاج بجميع عناصرها، وتوفير الإدارة المقتدرة، والعمل على استقرار التشريعات الاقتصادية الأساسية وتكاملها، ضمن إطار العدالة الاجتماعية.

2. وورد في الميثاق أن من الأهداف الوطنية الأساسية هو تحقيق الكفاية الإدارية في المملكة.

3. وتحت عنوان دولة القانون والتعددية السياسية وردت المرتكزات الأساسية لدولة القانون والتي أكدت على الأمور التالية:

أ. أنشاء هيئة مستقلة باسم ديوان المظالم بموجب قانون خاص يتولى التفتيش الإداري ويراقب أداء الإدارة وسلوك أشخاصها، ويرفع تقاريره إلى مجلس الأمة ومجلس الوزراء وفقا لإحكام الدستور والقوانين والأنظمة المرعية، ودون المساس استقلال القضاء واختصاصاته ولم يتم وحتى كتابة هذه السطور من أنشاء الديوان المذكور، ولكن أنشئ بدلا منه ديوان الرقابة والتفتيش الإداري والذي أنيطت به نفس المهام تقريبا بنظام صادر عن رئاسة الوزراء، وعلى أن يقدم تقاريره إلى رئاسة الوزراء وليس إلى مجلس الأمة.

ب. أنشاء هيئة مستقلة بموجب قانون خاص لتحديث التشريعات وتطويرها استنادا إلى الأبحاث والدراسات اللازمة لذلك.

وترفع الهيئة تقاريرها بشأن ما تقدم إلى مجلس الأمة ومجلس الوزراء وحسب علم الباحث ما زال موضوع إنشاء هذه الهيئة قيد البحث من الجهات المختصة.

4. وتحت عنوان المجال الاقتصادي وردت عدة مرتكزات للتصور المستقبلي لاقتصاد البلاد وللتنمية الاقتصادية والاجتماعية التي أكدت على ترشيد استغلال الموارد وتنشيط الرقابة المالية والنوعية والاستغلال الأمثل لجميع الموارد المتاحة.

5. وتحت نفس العنوان البند السابق جاء تأكد على ضرورة استمرار تحديث التشريعات المالية والنظام الضريبي وتوافر المرونة فيها، لتواكب التطور الاجتماعي والاقتصادي في المجتمع الأردني.

وأخيراً المرتكزات والحقائق السابقة وضحت لنا بعض الخطوط العريضة التي تستطيع السلطة التنفيذية أن تعمل من خلالها وتستهدي بها عند وضع أية تشريع متعلق بالتدقيق المالي الداخلي.

وفي النهاية نقول بأن القوانين والأنظمة والتعليمات هي نصوص أعدت من قبل الدارسين والخبراء العاملين في المجال المتخصص والمتعلق بها ومن الصعب جدا أن توجد نصوص تشريعية موضوعة من قبل الأفراد تكون صالحة لفترات زمنية

طويلة، فمعظم النصوص التشريعية سواء كانت دساتير أو قوانين أو أنظمة أو تعليمات ومع مرور الزمن نجد أنها بحاجة إلى بعض التعديلات أو الإضافة أو الحذف.

وللوصول إلى هذه التعديلات نحتاج إلى عمليات تقييم ومتابعة والتي تعتبر من المراحل البالغة الأهمية. فكل نص تشريعي يجب متابعته وتقييمه وذلك بهدف تطويره وتحديثه.

ولا بد أيضا من متابعة تنفيذ هذه التشريعات على أرض الواقع والتأكد من أن الجهات المعينة تلتزم بأحكامها.

ومن هذا المنطلق جاء استحداث ديوان الرقابة والتفتيش الإداري لسنة 1992 والذي ورد بأولويات مهامه متابعة تنفيذ الدوائر للتعليمات والقرارات والبلاغات الصادرة عن الجهات المختصة بمقتضى القوانين والأنظمة المعمول بها.

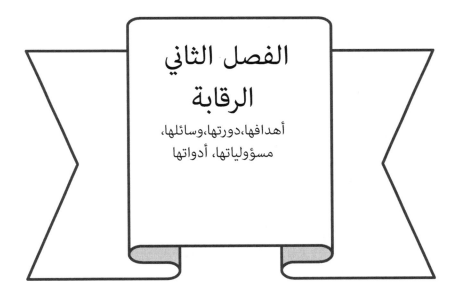

الفصل الثاني
الرقابة
أهدافها،دورتها،وسائلها،
مسؤولياتها، أدواتها

الرقابة

أهدافها، دورتها، وسائلها، مسؤولياتها، أدواتها

مقدمة:

تختص وظيفتي التخطيط والتنظيم بتحديد الأهداف، وتوفير الموارد اللازمة لتنفيذ هذه الأهداف، ولكن التحديد والتنفيذ لا يكفيان، وإنما يجب على الإداري أن يتأكد أن الأهداف قد أمكن بلوغها، وهذه هي وظيفة الرقابة، فالرقابة هي الوظيفة التي تختص بالتحقق من أن الأهداف والخطط والسياسات والإجراءات أمكن تنفيذها كما سبق تحديدها، ومن هنا ترتبط وظيفة الرقابة بوظيفة التخطيط، وحتى يمكن اكتشاف الانحرافات وتحديد المسؤول عن الانحراف، لابد من تحديد واضح للمسؤولية أو الواجبات، وبذلك ترتبط وظيفة الرقابة بوظيفة التنظيم.

الحاجة للرقابة:

تظهر الحاجة إلى الرقابة من حقيقة أن الأهداف والخطط والدراسات يقوم على أدائها الأفراد، وهم قد يؤدونها في ظروف مختلفة وبأدوات مختلفة وفي مناطق مختلفة وفي أوقات مختلفة، لذلك من المحتمل أن لا تتشابه الأمور التي يتم فيها

أداء العمل، ومعنى ذلك أن هناك احتمالات لظهور الانحرافات، وبعض هذه الانحرافات قد يكون خطيرا والبعض الآخر أقل خطورة، ودرجة الخطورة في الواقع تحددها درجة الانحراف عن المعايير الموضوعة.

أهداف الرقابة:

الهدف الأول للرقابة هو خدمة الإدارة ومساعدتها في ضمان أن الأداء يتم وفقا للخطط الموضوعة ولكن هناك عدة أهداف جانبية أخرى هي:

1. توحيد التصرفات اللازمة لتنفيذ الخطط.
2. المساعدة في التخطيط وإعادة التخطيط.
3. تخفيض مخاطر الأخطاء عند وضع الخطط.
4. تحديد مراحل التنفيذ ومتابعة التقدم.
5. تحقيق التعاون بين الوحدات والأقسام التي تشارك في التنفيذ.

دور الرقابة:

للرقابة دورة معينة تجعل خطواتها تتداخل وتتلاءم مع الوظائف الادراية الأخرى كالتخطيط والتنظيم والتوجيه .... الخ ولكن الدورة التي تتكون منها الرقابة تعتمد على عناصر معينة هي:

1. وضع المعايير.
2. القيام بالمقارنة.
3. تقييم النتائج.
4. القيام بالعمل التصحيحي.

وتظهر هذه العناصر وخطورتها في دورة تتم على النحو التالي ونتناول كل واحدة من هذه العناصر كالآتي:

1. وضع المعايير:

المعيار هو هدف أو أداء تخطيطية تعبر عن غاية مطلوب بلوغها، وقد يعكس خطة أو طريقة أو إجراء يستخدم لأداء نشاط معين، وقد يكون نهائي تنتهي عنده مراحل التنفيذ، وقد تكون وسيطا يعكس النشاط السابق ويعتبر بداية لنشاط لاحق.

شروط المعايير:

تعتبر المعايير من أدوات الرقابة الهامة، فلا بد من أن يحدد بدقة، ثم يدون لكي لا يكون هناك تحريفا من قبل الأشخاص الذين يراقبون أثناء زيارتهم بواسطة

هذه المعايير، ونتبين المعايير هي إحدى ادوات التخطيط الخمسة والتي تقسم مراحل الرقابة إلى اقسام عددية ولكنها متشابهة.

وتعتبر المعايير ضرورية للرقابة أو التقييم، وغالبا ما يتم الحكم ويتخذ الإجراء التصحيحي على أساس المعايير أو النماذج، وغني عن القول بأن المعايير ترتكز على أدوات الرقابة الأخرى، ولذلك فإن الإحصائيات والسجلات لها أهميتها إذن القول أن الوسائل والإجراءات والأنظمة هي مجموعة من المعايير المتصلة والمنفصلة.

ولا يوجد معيار جامد، ولكن يجب أن يكون المعيار مرنا بما فيه الكفاية، وقد يكون المعيار المطبق هو أفض المعايير عند وضعه، إلا انه بالاستعمال المتكرر قد يتم اكتشاف المعايير الأفضل الذي يمكن إحلاله محل المعايير المطبقة، لهذا فإن المرونة يجب أن يعاد النظر فيها دوريا بواسطة المستويات الإدارية التي يكون لها سلطة التنسيق بين المعايير الجديدة وادماجها مع المعايير الموجودة فعلا.

بعض المعايير النموذجية:

لإعطاء فكرة عن اختلاف المعايير وتعددها، فإن القائمة الآتية تقدم أمثل لبعض المعايير النموذجية التي يمكن استخدامها في مجالات النشاط التجاري والصناعي.

النشاط	نوع المعيار
الإدارة المالية	معدلات طبيعية
الرقابة عن طريق الميزانيات التقديرية	سجلات التجربة
الصيانة	معايير زمنية
رقابة الإنتاج	الجدولة
التفتيش	المواصفات
رقابة المخزون	الطلبات الكمية
تقييم الأعمال	أزمنة التدريب
درجة الخدمة	مرات التوقف
الإمدادات	دورة الإنتاج

إصدار المعايير:

يجب أن تصدر المعايير بصفة دورية، على انه من الضروري أن تكون هذه المعايير مكتوبة إذ أن عدم كتابتها سوف يؤدي إلى تحريفها في منطقة العمل كما وأن المعايير الشفوية قد تتعرض للتفسير الشخصي من قبل الأفراد التي توجه اليهم ويجب أن تكتب هذه المعايير بطريقة سهلة وواضحة وذلك لضمان تماسك المعايير

وتحققها بأقل الأخطاء الممكنة، ويجب أن تصدر المعايير بطريقة تؤدي إلى القضاء على سوء الفهم والتفسير الغامض.

المشاكل المرتبطة بالمعايير:

ترتكز الرقابة الفعالة على المعيار المناسب، ومن الشروط الهامة المعيار الذي يتخذ كمقياس البساطة والشمول والمرونة وإمكانية التحقيق وقد يوضع معيار مرتفع بصورة تجعله عديم النفع عند التطبيق العملي، مما يترتب عليه العجز في الوصول إليه، وكذلك انخفاض الروح المعنوية للعمال.

وتتضح أهمية الرقابة عندما تعتبر الأداة التي يتم بها تقييم الأعمال المنجزة، ومقابلتها بالأهداف الموضوعة، ثم العمل على تصحيح ما قد ينشز من انحرافات وتعتبر المعايير ضرورية لتحديد نوع ودرجة العمل التصحيحي، وفي كثير من الحالات نجد أن وضع المعايير الملائمة أكثر صعوبة من استخدامها الفعلي كأداة للرقابة، ولكن وضع المعايير للأعمال غير المادية يعتبر عملية أصعب من وضعها للأعمال المادية، فمعيار الإنتاج يمكن تطويره عن طريق دراسة الزمن والحركة وهي من الوسائل العلمية إلى حد ما، وكذلك فإن المعايير المعنوية يجب أن ترتكز على مقاييس موضوعية، ومن السهولة أن تخضع اعمال التنفيذيين إلى الرقابة بعكس الوضع بالنسبة لأعمال الفنيين لأن لديهم عناصر غير ملموسة.

2. **القيام بالمقارنة:**

الخطوة الثانية في دورة الرقابة هي مقارنة العمل المنجز بالمعيار السابق تحديده، فإذا ظهر من المقارنة أن العمل تم تنفيذه حسب المعيار فإن الأداء يكون خاضع للسيطرة، أما إذا ظهر من المقارنة أن هناك انحرافا عن المعيار فإن الأداء يكون خارج عن السيطرة.

وإذا كان المعيار المستخدم كميا فإن عملية المقارنة تكون سهلة نسبيا، أما المعيار الوصفي يجعل عملية المقارنة صعبة إلى حد كبير.

ولكن المقارنة لا تتم إلا في مناطق استراتيجية تعكس محصلة لعدة أنشطة، وبحيث يمكن اكتشاف الانحراف عندها قبل أن يتعقد الموقف وتصبح عملية الرقابة كلها متأخرة، ومن هنا تظهر أهمية تحديد مجالات الرقابة.

مجالات الرقابة:

لا تستطيع الإدارة الرقابة على كافة أوجه النشاط، لأن مثل هذا العمل يستهلك الجهد والوقت ويصبح عملا غير اقتصادي، ولكن لابد من اختيار مجالات معينة للرقابة كنقاط استراتيجية تعكس نتائج أو محصلة عمليات تفصيلية سابقة، فعلى سبيل المثال نجد أن المنشآت التي تبيع بالأجل أو تبيع على الحساب

سوف تهتم بالرقابة على حسابات العملاء، والمدير في المستشفى قد يفضل الرقابة على المرتبات والأجور لأنها قد تمثل 80% من التكاليف.

والتصنيف المستخدم في القائمة التالية يتكون من خمسة مناطق إستراتيجية تصلح للاستخدام كمجالات مختارة للرقابة.

أ.   الرقابة على إجمالي الأنشطة:

1. الأرباح.
2. المركز بالنسبة للصناعة.
3. السياسات.
4. التكوين التنظيمي.
5. الإمدادات.
6. التمويل.
7. المبيعات.
8. الأبحاث.

ب.   الرقابة الجزئية:

1. الأرباح.

2. النسبة المئوية من السوق.

ج. الرقابة على القسم:

1. كمية الإنتاج.
2. التكاليف - المواد والأجور.
3. نوع الإنتاج.

د. رقابة العمليات:

1. معايير العمل.
2. معايير المواد.
3. المصاريف الصناعية المتغيرة.
4. العادم.

ه. الرقابة الوظيفية:

أولاً: المبيعات:

1. الإنتاج والمناطق.
2. الإعلان.

3. المدينون.

4. عمال البيع.

5. تشكيلة المنتجات.

ثانياً: التمويل:

1. النقدية.

2. المتحصلات والمدفوعات.

3. المصروفات الرأسمالية.

4. تكوين رأس المال.

ثالثاً: الأبحاث:

1. التطبيقية والنظرية.

2. المنتجات الجديدة.

3. التكاليف.

4. المشروعات.

رابعاً: الأفراد:

1. الاختيار والتدريب.

2. الحوافز.

3. الأجور والمرتبات.

3. تقييم النتائج:

الخطوة الثالثة هي تقييم النتائج، والتقييم قد يكون دوريا أو عند فترة زمنية معينة، ولكن في كل الأحوال لابد للتقييم أن يعكس أوجه الاتفاق أو الاختلاف في الأداء عن النتائج المتحققة، وتحتاج عملية التقييم إلى الكثير من المعلومات التي تتخذ صورا مختلفة، فهي قد تكون في شكل جداول رقمية أو في شكل خرائط بيانية أو منحنيات رياضية ... الخ، وفي كل الأحوال لابد أن تصنف وتعرض المعلومات بحيث تعكس نتيجة المقارنة، ويقوم التقييم على تحديد أسباب الانحراف الموجب وأيضا أسباب الانحراف السالب، فالانحراف الموجب والسالب كلاهما غير مرغوب فيه، لأن الانحراف الموجب قد يكون نتيجة لعدم الكفاءة في تحديد الخطط أو المعايير، وبالتالي كان من الممكن أن يكون الأداء أفضل مما هو عليه في ظل المعيار الحالي، وكذلك فإن الانحراف السالب، إما أن يكون نتيجة للأداء الخاطئ أو نتيجة للمعايير غير السليمة أو نتيجة للاثنين معا.

هذا وينبغي أن نركز على أهمية الموضوعية في عملية التقييم، بحيث يتم التقييم لكل من النشاط ووسائل اداء هذا النشاط، كذلك لابد من أن تتوافر

الموضوعية لدى الأفراد القائمين بالرقابة بحيث لا يتأثرون بعوامل شخصية علاقتهم بالأعمال.

4. القيام بالأعمال التصحيحية:

إذا ظهر من التقييم أن هناك انحرافات موجبة أو سالبة فإن الخطوة التالية هي القيام بالأعمال التصحيحية، فقد يكون سبب الانحراف هو العامل نفسه بسبب عدم كفاءته، أو لأنه مازال تحت التدريب، أو لأنه يعاني من إجهاد بدني أو ذهني، وقد يكون السبب في ذلك الوسيلة التي يؤدي بها العمل (الالة مثلا) كما لو استهلك جزء منها، بسبب زيادة استعمالها أو لأي سبب آخر، وقد يكون الانحراف بسبب عدم توافر المواد بالكمية أو النوع المطلوب.

وإذا ظهر من الرقابة أن الخطأ من الآلة فإنها تحال إلى الصيانة، وإذا كانت المواد هي التي تسبب المشكلة، فإنه يجب تعديل مواصفات المواد أو التعامل مع مورد آخر، أما إذا كان السبب هو نفاذ المواد فإن ذلك قد يرجع إلى عدم إرسال الطلبات في الوقت المناسب أو عدم قيام المورد بتسليم المواد في المواعيد المحددة، وسواء أكانت الأخطاء بسبب العامل أو إدارة المشتريات أو المورد فإن الأمر يستلزم اتخاذ اجراء عقابي تجاه كل منهم، فبالنسبة للعامل المخطئ قد يعاقب بنقله إلى عمل اقل اتقانا، مع إعطائه الفرصة للتغلب على الصعوبات التي تقابله وذلك بالتدريب،

وقد يصل العقاب في بعض الأحيان إلى الفصل، وتتوقف العقوبات الخاصة بإدارة المشتريات على جسامة الأخطاء المالية الناشئة عن إهمالها.

وإذا تبين للإدارة بعد اجراء التحليلات اللازمة أن المعيار الكمي غير معقول فإنه يجب في هذه الحالة القيام بعمل التعديلات اللازمة لكي يصبح المعيار معقولا، حتى يمكن للعامل المتوسط تحقيقه فلا يكون مرتفعا جدا أو منخفضا جدا، فإذا كان المعيار الكمي منخفضا جدا فإن العامل المتوسط يمكنه تحقيقه بسهولة، ولكن هل سيؤدي انخفاض المعيار إلى قيام العامل بتخفيض سرعته حتى تصل إلى النقطة التي تتعادل فيها مع المعيار؟ وما انعكاس انخفاض المعيار على العامل السريع. وفي هذا المجال نجد أن الأمر يستلزم وجود حوافز مجزية للعمال الممتازين حتى لا يستغلو انخفاض المعايير ويخفضوا من سرعتهم، ومن المتفق عليه أن المعايير الكمية لا يجب أن تعدل ما لم تحدث تعديلات جوهرية في الوسائل والآلات والمواد.

الاعتراضات الموجهة للرقابة:

رغم أهمية الرقابة للمشروعات التجارية والصناعية، إلا أن هناك اعتراضات ظهرت من الآثار التاريخية التي صاحبت الثورة الصناعية، وهذه الاعتراضات يمكن إيجازها في الآتي:

1.   تصاحب الرقابة عادة ممارسة الإدارة الأتوقراطية.

2. تصاحب الرقابة عقوبات صارمة وتجاهل المكافآت.

3. تزاول الرقابة عن طريق الالزام (بمعنى أفعل هذا وإلا).

4. عدم دقة البيانات التي تستخدم في الرقابة.

5. عدم كفاءة نظام الاتصال.

6. التحيز وعدم الموضوعية من جانب القائمين بالرقابة.

ويقترح البعض التغلب على هذه الاعتراضات بتوافر ما يأتي:

1. زيادة فهم الأفراد القائمين على عملية الرقابة لطبيعة الرقابة وخاصة المعايير، وطرق الإتصال، وغيرها.

2. نبذ فكرة العقاب وادخال الحوافز التي تؤدي إلى رفع معنويات الأفراد. وتشجيعهم على الإلتزام بالمستويات الموضوعة.

3. يجب أن يكون المعيار مرنا حتى يمكن أن يخدم مصالح المنظمة.

4. يجب إتباع الأسلوب اللا مركزي في الرقابة، حتى عندما يتم وضع المعايير بطريقة مركزية.

5. الالتزام بالموضوعية عند وضع المعايير بحيث لا يترتب على صعوبتها الإحساس بالإحباط لدى العاملين.

6. يجب تحسين نظم الاتصال وتشجيع التعاون والمناقشة الجماعية مع العاملين قبل تطبيق نظم الرقابة.

أدوات الرقابة:

إن الأدوات الرئيسية للرقابة هي: الوسائل - الإجراءات - الأنظمة - الإحصائيات - السجلات - التقارير - المعايير.

ولقد اعتبرت الأدوات المذكورة جزءا من الإدارة الفعالة ويمكن شرحها باختصار على النحو الآتي:

فالرسائل هي التي تصل طرق انجاز المعمليات ذهنيا أو يدويا أو آليا وبالرغم من نمطية الوسائل إلا أنها ليست ثابتة في كل وقت، بل يجب تحسينها باستمرار للحصول على وسائل أفضل.

أما الاجراءات فتعبر عن تسلسل نمطي للعمليات مع تحديد الوسائل المستخدمة والشخص الذي سيستخدمها وزمن استخدامها.

أما الأنظمة فهي الإجراءات المتشابكة التي تتجمع مع بعضها بالطريقة التي تجعل كل العمليات المتكررة لأي نشاط رئيسي في المشروع يمكن تحديدها مقدما.

أما الإحصائيات فهي غالبا ما توجد في السجلات والتقارير وهي ذات أهمية لأنها تساعد في عملية الرقابة بإجراء المقارنات بين النتائج الماضية والنتائج الحالية واقتراح الطريق إلى المستقبل.

أما التقارير فهي في الغالب تستخرج من السجلات، فالبيانات المسجلة ما هي إلا تلخيصا واستنتاجا تبين توصيات للإدارة في شكل تقارير، ومن البيانات والسجلات التي ترتكز عليها هذه التقارير يمكن للقائمين بعملية الرقابة تقييم مصادر المعلومات.

أما المعايير فهي من أهم أدوات الرقابة الإدارية وقد يعرف بأنه وسيلة، أو طريقة أو إجراء يستخدم للمساعدة في تنفيذ عمل معين، وبتحديد أكثر فهي الأساس أو التحديد المقدم لتنفيذ عمل معين، وبذلك فهو يتعلق بالإنجاز المقبل للأعمال.

مسؤولية الرقابة:

من المشاكل الشائعة في الإدارة أن الوظائف تميل إلى أن تبقى ثابتة إلا أن المسؤولية التنظيمية لإنجازها تختلف باختلاف حجم وتعقد التنظيم، فعملية الرقابة تتم على أساس الخطوات الأربعة لنفس دورة الرقابة مهما كان حجم

التنظيم، ولكن برنامج الرقابة يصبح أكثر تعقيدا كلما كبر حجم المشروع وتعدد الوظائف.

الرقابة في المشروعات الكبيرة:

في المشروعات الصغيرة يمكن تنفيذ الأعمال التنفيذية والفنية بواسطة شخص واحد. ولذلك فإنه يمكن لإداري واحد في هذه المشروعات القيام بعملية الرقابة الفعالة دون تعقيدات أو اجراء تحليلات على درجة كبيرة من الدقة. وفي الحقيقة نجد أن للمشروعات الصغيرة مزايا عدة من حيث الرقابة، حيث يسهل معرفة العمال والمواد ومصادر التمويل وغيرها. وترتكز عملية توجيه ورقابة هذه المشروعات على المعايير الذي تم وضعها على أساس الخبرة السابقة والحقائق المستقلة.

وكلما كبر حجم المشروع أو تعقدت اجراءاته كلما لزم وضع سجلات دقيقة بحيث لا تتداخل المسؤولية التنفيذية مع المسؤولية الفنية، وكذلك فإن تشتت وحدات المنشأة تحتاج إلى فرض رقابة فعالة.

الاعتبارات الخاصة بالرقابة في المشروعات الكبيرة:

قبل توزيع مسؤولية الرقابة في المنشآت الكبيرة يوجد بعض الاعتبارات العامة التي يمكن ذكرها وهي:

أ.   **عوامل الرقابة**: يجب أخذ العوامل الآتية في الاعتبار عند تحديد برنامج فعال للرقابة:

1. تحديد الأهداف.
2. التنظيم المناسب.
3. البرامج المعدة.
4. السياسات الموضوعة.
5. الإجراءات المناسبة.
6. الميزانيات التقديرية.
7. الأفراد المدربين.
8. التفتيش الفعال.
9. قياس المعايير.
10. التقارير الدورية الخاصة.

ب. **التنفيذ الاقتصادي:**

إن التنفيذ النموذجي لعملية الرقابة يختلف باختلاف العمليات والإجراءات والخطط والأقسام والأشخاص والأشياء مع بعضها البعض، وقد يشعر الإداري الناجح أن في استطاعته مزج هذه الأشياء مع بعضها، وقد يعمل مساعدو الإداري الذي يقوم بعملية الرقابة بطريقة تختلف عن الأهداف المحددة مما يتسبب في نقص الفاعلية والتشكك في النتائج المتوصل إليها. ويجب أن تكون تكلفة برنامج الرقابة أقل من المزايا التي نحصل عليها نتيجة الرقابة حتى يمكن تحقيق الرقابة بطريقة اقتصادية.

ج. **أهمية التبليغ:**

من خلال المعلومات التي تحتوي عليها وسائل الرقابة يمكن أن تساعد الإدارة في وظيفة الاتصال الهامة، وترتكز التقارير على الوثائق والسجلات والميزانيات التقديرية والمواصفات والمعايير وجميعها تساعد في زيادة العمل الإداري بفاعلية.

د. **الرقابة من أجل البحث:**

يعتبر مجال الأبحاث من أكثر صور الرقابة الإدارية صعوبة إذ في هذا المجال تظهر العوامل غير الملموسة بصورة نظرية. وللبحث التطبيقي هدف محدد

ولكنه يتضمن عوامل متغيرة. والرقابة على البحث التطبيقي تم عن طريق الزمن والتكلفة. والتقارير الدورية التي تضعها الرقابة تبين احتمال مقابلة هذه المعايير ويتحقق النجاح ويتحدد مهما تزايدت التكلفة المسموح بها أو الوقت اللازم، ويكون البحث النظري تقريبا خارج نطاق رقابة الإدارة التنفيذية ولا يمكن اتخاذ قرار بشأنه حتى ولو لم يكن فعالا في الأمد القصير، إلا بواسطة الإدارة العليا، لأن الرقابة من اجل البحث عملية إستراتيجية تخضع رقابتها للإدارة العليا.

الاعتبارات العامة للرقابة في المجالات الوظيفية:

هناك عدد من الاعتبارات التي يجب أخذه في الحسبان عند القيام بالرقابة على الأداء في المجالات الوظيفية، وهي:

- أن الاعتبار الأول الذي يجب أن يؤخذ في الاعتبار هو حجم الأداء من ناحية الكم، مثل العدد، أو الأوزان أو الألوان أو الأبعاد وغيرها، فمثلا عند مراقبة أداء منافذ البيع لإحدى المنشآت يجب التركيز على حجم المبيعات من حيث الكمية أو الوزن أو الأبعاد الخاصة بالكميات المباعة ومقارنتها بالمبيعات المخططة.

- أن الاعتبار الثاني الذي يجب أن يؤخذ في الاعتبار هو طبيعة أداء من حيث الكيف مثل متابعة ومقارنة نوع المبيعات لإحدى شركات التوزيع من حيث

التشكيلة ونوع العملاء، ومكانتهم وغير ذلك، وتستخدم هذه الأنواع للحكم على مدى ملاءمة مبيعات كل منطقة.

- أن الاعتبار الثالث يجب أخذه في الاعتبار عند القيام بالرقابة هو طبيعة الأداء من حيث الزمن، إذ يمكن تطبيق عامل الزمن في عملية الرقابة عند القيام بالرقابة هو طبيعة الأداء من حيث الزمن، إذ يمكن تطبيق عامل الزمن في عملية الرقابة عن طريق وضع جدول زمني لتحقيق أهداف معينة، وذلك في مواعيد محددة، وفي حالة انحراف الأداء عن المعيار الزمني الموضوع فينبغي القيام بالعمل التصحيحي.

- أما العامل الرابع الذي يجب أن يؤخذ في الاعتبار عند القيام بعملية الرقابة هو التكلفة، فالتكلفة هو المحصلة النهائية لكل نشاط بما في ذلك تكلفة نظام الرقابة ذاته، فالمعايير التي توضع للرقابة لابد وأن تنطوي على التكاليف التفصيلية لكل مرحلة من مراحل الأداء خاصة نقاط الرقابة الاستراتيجية التي تعكس ما ينفق على كل العمليات السابقة عليها.

وليس من الضروري أن تتم عملية الرقابة على الأداء باستخدام كل هذه الاعتبارات، وإنما يمكن الاكتفاء بعامل واحد أو أكثر من هذه العوامل، غير أن الأمر الهام هو إمكانية تطبيق هذه العوامل في كل وظيفة من وظائف الأعمال وفقا للتصنيف الوارد في الجدول التالي:

اعتبارات عملية الرقابة في الوظائف المختلفة

العوامل	الإنتاج	الوظائف		الأفراد
		المبيعات	التمويل	
الكم	هل إنتاج المصنع مرضي.	هل بلغ حجم المبيعات الحجم المتوقع؟	هل يكفي رأس المال العامل لمقابلة احتياجات المنشأة	هل القوى العاملة كافية؟
الكيف	هل توافرت المواصفات المحددة في المواد الأولية، وهل نجحت في الاختبارات التي أجريت؟	هل المنتجات المباعة تمثل توازن مرضي بين إجمالي خط منتجات الشركة؟	هل ينبغي استخدام الأسهم أو السندات لتمويل الاحتياجات المالية؟	هل المهارات المناسبة متوفرة في المنشأة، وهل يستفاد منها؟

الزمن	هل تم تصنيع المنتجات النهائية في الوقت المناسب، وهل تم شحنها في مواعيدها المحددة	هل يقوم رجال البيع بعدد كاف من الزيارات يوميا؟	هل من الأفضل استخدام القروض طويلة الأجل أو القروض قصيرة الأجل	هل يتم قياس المهام الفردية بدقة وعدل.
التكلفة	هل المصروفات على المواد الأولية والأجور المباشرة تعتبر مرضية؟	هل تتمشى تكلفة الإعلان وترويج المبيعات مع حجم المبيعات الفعلية؟	هل سعر الفائدة على الأموال المقترضة يعادل سعر الفائدة الجاري؟	هل هيكل اجور الشركة يقابل المستويات السائدة؟

الرقابة المركزية:

عندما يكون المشروع كبير فإنه من الصعوبة قيام شخص واحد بتجميع البيانات ثم تحليلها وذلك حتى تتم عملية الرقابة الدقيقة، وفي هذه الحالة يتم العمل بواسطة مجموعة من الأفراد المتخصصين، ولهذا فإن أقسام الرقابة المركزية

لها أهميتها في هذه المشروعات، وتمدنا هذه الأقسام بالمعلومات المناسبة من مصادرها لكي تستخدم كأساس لإجراء العمل الإداري التصحيحي، ولكن العمل الذي تقوم به هذه الأقسام هو عمل فني استشاري وتظل السلطة الكاملة للإداريين التنفيذيين.

الحاجة للرقابة المركزية:

إذا اعتبرنا أن التنظيم الكبير الذي تنتشر عملياته في مناطق واسعة هو الذي تطبق عليه الرقابة المركزية فإن فاعلية الرقابة يجب أن تختبر على أساس عدد وحدات الرقابة الموجودة وعدد الأشخاص العاملين فيها والتكاليف والنتائج المحققة، ويمكن قياس هذا التأثير بالقيام ببعض الدراسات الإحصائية والتقارير التي تصف النظام الحالي، وبواسطة نوع وطبيعة المعايير المستخدمة، والعناية ومدى الجودة، ومدى ملاءمة الخرائط التنظيمية ووسائل الإنتاج والرقابة على المنتجات الجديدة، وبواسطة اجراءات الميزانيات التقديرية.

الهدف من الرقابة المركزية:

أن الهدف من الرقابة المركزية هو تجميع الحقائق وتقديم توصيات للإدارة ترتكز على هذه الحقائق، وتساعد الإدارة في تحليل الأعمال واقتراح وسائل رفع الكفاية، ومن واجبات الرقابة المركزية التخطيط والتنبؤ بالوسائل الفنية والمراجعة الداخلية.

المراجعة الداخلية:

تشير كلمة المراجعة إلى العمليات ذات الطبيعة المادية التي تتم بواسطة الإدارة المحاسبية، والغرض من هذا النوع من المراجعة هو إعداد التقارير المالية التي تساعد الإدارة العليا، وهذه التقارير في العادة هي مجموعة من البيانات الاحصائية عن العمليات معبرا عنها بالنقود.

ويعتبر المراجعة الداخلية الإدارية لأنشطة المنشأة ترتكز على معايير ومقاييس مقبولة، وهذا النوع من المراجعة الداخلية تتميز بأنها لديها المعرفة الواسعة التي تمكنها من التعرف على ظروف المنشأة، وهكذا فإن المراجعة الداخلية تساعد على التحرك في الوقت المناسب وفي المكان المناسب.

ومن المألوف التعامل مع المعلومات الشاملة والمندمجة مع بعضها البعض لدراسة المنشأة والظروف الاقتصادية ومركزها بصورة دورية، وتدون الرقابة في خرائط وجداول إلى جانب الكلمات التي تجعل من هذه البيانات زادة سهلة المنال ونافعة، والى جانب التقارير الدورية المنظمة فإن الرقابة تقوم بإعداد التقارير الخاصة حسب طلب الإدارة.

أساليب الرقابة:

يمكن أن نميز بين العديد من الأدوات والأساليب التي تستخدم للقيام بالرقابة وسنقتصر على ذكر عناوين أكثر هذه الأساليب انتشارا ووضعه في ثلاثة مجموعات، وذلك على النحو التالي:

أساليب الرقابة:

الرقابة على المخزون:

1. الجداول.
2. الخرائط.
3. المعادلات.
4. النماذج.

الرقابة المالية:

1. نموذج ديون.
2. النسب المالية.
3. الموازنات.
4. قوائم العمليات.

الرقابة على الجودة:

1. خرائط الجودة.
2. دوائر الجودة.
3. الأيزو.

الرقابة: مفهوم وفوائد:

وللرقابة تعريفات كثيرة منها:

الرقابـة: هي التأكد من أن ما تم عمله موافق لما خطط له مسبقاً.

الرقابة: هي عملية قياس النتائج ومقارنتها بالخطط أو المعايير وتشخيص أسباب انحراف النتائج الفعلية عن النتائج المرغوبة واتخاذ الإجراءات التصحيح عندما يكون ذلك ضرورياً.

الرقابـة:

تتضمن جميع الأنشطة التي يقوم بها المديرون في محاولتهم للتأكد من أن العمليات الفعلية تطابق أو تماثل العمليات المخططة.

الرقابـة:

هي الوظيفة الخاصة بقياس وتصحيح أداء العاملين بهدف التأكد من تحقيق الأهداف والخطط والتي وضعتها المنظمة.

الرقابـة:

هي الوظيفة الخاصة بقياس وتصحيح أداء العاملين بهدف التأكد من تحقيق الأهداف والخطط التي وضعتها المنظمة.

من التعريفات السابقة نجد أن:

الرقابـة هي:

"متابعة الأعمال والتأكد من أنها تتم وفقاً لما أريد لها؟ والعمل على تصحيح أي انحراف يقع في المستقبل".

ولتأكيد أهمية الرقابة نعرض لبعض فوائدها:

ما هي فوائد الرقابـة:

تقوم الرقابة بوظيفتين أساسيتين هما:

- وظيفة وقائية: Protective Function.
- وظيفة تنمية الكفاية: Productive function.

الوظيفة الأولى تهدف إلى حماية المنظمة من أخطار العاملين فيها، أما الوظيفة الثاني فهي تعمل على التاكد من أن السياسات والنظم الإدارية الموضوعة والخطط المعمول بها يتم تنفيذها دون أية انحرافات من أجل تحقيق الهدف بأكبر كفاية ممكنة.

ومن فوائـد الرقابــة أنها:

1. تساعد على تحقيق الأهداف بسرعة وفعالية.
2. تكشف الانحرافات والأخطاء قبل حدوثها أو في بدايتها للإسراع في علاجها.
3. تعمل على تشجيع الأفراد للقيام بأدوارهم.
4. تقوم بتحليل أسباب الخطأ للتصحيح والعلاج.

أنواع المعايير الاستراتيجية:

1. معايير مادية: وهي التي تتعامل مع مقاييس غير نقدية.

مثال:

- الوحدات المنتجة لكل سرعة عمل – استخدام الموارد – عدد أمتار السلك لكل طن من النحاس.
- الجودة (ثبات اللون – قوة التحمل – المتانة).
- توظيف العمالة – ساعات العمل لكل وحدة.

2. معايير التكلفة: (هي التي تتعامل مع المقاييس النقدية – تكلفة السلع لكل وحدة – تكلفة المادة لكل وحدة).

مثال:

- تكلفة البيع لكل 1000 دينار... وهكذا.

3. معايير الإيرادات:

- الإيراد لكل راتب (الخدمات) – الإيراد لكل كم النقل.
- الإيراد لكل عميل – الإيراد لكل طن حديد أو أسمنت مباع.
- الإيراد لكل سوق: السعودية – الكويت – العراق.

4. معايير رأس المال:

مثــال:

- العائد على الاستثمارات – نسبة القروض إلى حق الملكية – نسبة الأصول المشاركة إلى الخصوم – معرفة دوران رأس المال.

مثــال:

5. معايير البرامج:

- الجزء الأول – الانجاز % في المائة.
- الجزء الثاني – الانجاز % في المائة.
- الجزء الأخير.

6. معايير غير ملموسة: (العلاقات الانسانية) مثل:

- تحديد كفاءة وقدرة مدير المبيعات، تحديد كفاءة وقدرة مدير المشتريات، الحسابات، العلاقات العامة، رفع الروح المعنوية للجنود، رفع مستوى الأداء، ويكون التعبير عنها: ممتاز، جيد كفء، مقبول، وتستخدم هذه المعايير أساساً في الحكم الشخصي ومتابعة أسلوب التجربة والخطأ والتخمين، ولكن يعتمد على الخطة وتنفيذها في الحكم بهذه المعايير، لبيان مدى التنفيذ الفعلي للخطة.

أهمية الرقابـة:

هل الرقابة ضرورية:

تعتبر الرقابة من أهم الوظائف الإدارية التي تعمل على تحقيق الأداء كما ينبغي بفاعلية وكفاءة، ذلك لتلافي الوقوع في الخطأ والعمل على تصحيح الانحرافات أولاً بأول.

وينظر إلى الرقابة على أنها حجز الزاوية في الأداء وذلك لأنها تعمل على اظهار نقاط الانحراف في التنظيم على مستوياته المختلفة، بما يساهم في سرعة تصحيحها، ولقد اتسعت أجهزة الرقابة في مجال الإدارة العامة، فشملت الرقابة على السلطة التنفيذية بجانبيها الداخلي والخارجي، والرقابة على الأجهزة والمؤسسات الحكومية ترتبط بالوظائف الإدارية الأخرى كالتخطيط وذلك بإلقاء الضوء على المشاكل والمعوقات التي تقف أمام تنفيذ الخطط، بما يساهم في تعديل الخطة أو العمل على حل المشاكل التي تواجهها، كما أن الرقابة لها علاقة بالتنظيم فهي تعمل على كشف الخلل التنظيمي في مستوياته المختلفة، كما أن المدير لا يمكن أن يفوض سلطاته إلى مرؤوسيه إلا اذا تأكد من وجود أنظمة رقابية فعالة لمتابعة المرؤوسين والتدقيق على أدائهم تجاه المستويات التي تحملوها بموجب التفويض.

والرقابة كوظيفة يجب أن تطبق الأسلوب العلمي أي أنه لابد وأن تكون وظيفة منتجة تسعى إلى زيادة ناتج العملية الرقابية على تكلفتها وإلا أصبحت عبئاً على المشروع، وبالرغم من وجود جهاز رقابي متخصص في المشروع إلا أن الرقابة كوظيفة تشمل جميع مستويات الإداريين بالمشروع، وكل مدير يستخدم الأساليب الرقابية في متابعة مرؤسيه في إطار من تنفيذ السياسات والخطط الموضوعة لإدارته، وفي ضوء البرامج الزمنية والمالية المحددة له.

والعملية الإدارية تشمل جميع المستويات الإدارية وهي لا تعمل في إطار المؤثرات الداخلية والخارجية لعمليات المنشأة.

ويرى البعض أن الرقابة تهدف إلى التفتيش وتخويف الأفراد والعاملين حتى يستسلموا إلى أوامر السلطات العليا وتنفيذها، وهنا نجد ان هذا الأسلوب منبثق من الفكرة الإدارية التي وصفت جميع الأفراد بالخمول والكسل وعدم الرغبة في العمل وانهم يعملون فقط من أجل تجنب العقاب، وليس رغبة في العمل وهي نظرية يطلق عليها نظرية (×).

ويرى البعض الآخر أن العملية الرقابية لها الأثر الفعال في التأثير على سلوك الأفراد في المنظمة تأثيراً ايجابياً من أجل تحقيق الأهداف المرجوة باعتبار أن الإنسان بطبيعته متحمل للمسؤولية ويعمل دونما خوف من العقاب ولكن رغبة في

العمل، وأن العملية الرقابية هنا فقط لزيادة الهمم، وتشجيع الكفاءات والعمل على تحقيق الأهداف بأحسن كفاية ممكنة، وذلك الرأي يعتمد على نظرية (Y).

وهناك رآي آخر ينظر للعملية الرقابية على أنها عملية تطبيقية تهدف إلى التركيز على خطوات الرقابة وذلك ما يلي:

- وضع المعايير الرقابية المتفق عليها.
- قياس الأداء الفعلي.
- بيان مدى الانحراف بمقارنة نتائج الأداء بالمعايير.
- تحليل أسباب الانحراف.
- تصحيح الاختلافات بين النتائج المحققة فعلاً والنتائج المتوقعة حسب الخطة.

من هنا نجد ان نتائج التنفيذ الفعلي قد تكون إيجابية أو سلبية، فإذا كانت سلبية فلابد من تحليل أسبابها بدقة ومعرفة ما إذا كانت هناك أخطاء في التخطيط أو في التنفيذ، ومعالجة الأمر في أوله والعمل على تجنبه في أعداد الخطة التالية أو المثيلة.

أما إذا كانت النتائج ايجابية، فلابد من الأخذ بعين الاعتبار النقاط التي كان هناك تقصير في تقديرها تقديراً صحيحاً أو في الإمكانات التي لم يتوقع أن

تساهم في نجاح الخطة والوصول للهدف بطرق أفضل والعمل على الاهتمام بهذه الأمور مستقبلاً.

التكامل بين الرقابة والوظائف الإدارية:

مـا علاقة الرقابـة بسائر الوظائف الإدارية:

إن الوضائف الإدارية تشمل التخطيط والتنظيم والتوجيه والقيادة والرقابة، وإن الرقابة كوظيفة مهمة يمكن اعتبارها روح العملية الإدارية، إلا أن هناك تكاملاً بين هذه الوظائف وبين وظيفة الرقابة يمكن بيانه فيما يلي:

أولاً: الرقابـة والتنظيم:

حينما نتحدث عن الرقابة والتنظيم نرى أن هناك علاقة بين المركزية واللامركزية في التنظيم وأثر ذلك على العملية الرقابية ودرجة الدقة المطلوبة فيها، كما أن للوضع التنظيمي لأقسام المؤسسة أو المنظمة أمراً هاماً على العملية الرقابية.

- ففي حالة المركزية: واتخاذ القرارات في المنظمة عن طريق الإدارة العليا فقط أو الإدارة العامة والمركز الرئيسي نجد أن المعايير الرقابية المراد استخدامها هنا لابد وأن تعبر عن الأداء بدقة وأن تعكس البيانات بشكل

تفصيلي عن كيفية تنفيذ كل عملية على حده وبيان انتاجية كل فرد في المنظمة، ولهذا فإن معدل تكرار القياس يكون بشكل سريع يومياً، ذلك للتأكد من استمرار الجودة في الأداء.

- أما إذا كانت المركزية تتسم بالوسطية: ويظهر هذا في صنع القرار على ضوء السياسات والبرامج المعدة سلفاً في المشروع-وأن هناك طرقاً محددة للأعمال فإنه ينعكس على العملية الرقابية على أساس أن هناك معدلات للمصروفات – (التكاليف) ومعدلات لدوران العمل ومعدلات للكفاية يمكن الاشارة إليها وذلك من خلال تكرار عمليات القياس- الرقابة- أسبوعياً او كل فترة، وهنا نجد أن فترات القياس تطول نسبياً وتتباعد عما كانت عليه في حالة المركزية.

- وإذا كانت المنظمة تأخذ بالأسلوب اللامركزي في إدراتها على أساس تقسيم المؤسسة أو المنظمة إلى وحدات مستقلة أو أقسام صنع مستقلة واعتبارها مراكز ربحية، فإنها لابد وأن تكن العملية الرقابية على كل مركز وبيان ومدى نجاحه في تحقيق الهدف المطلوب منه وتكون فترات القياس أطول نسبياً- أي بمعدل كل شهر أو ربع سنوياً.

ثانياً: الرقابـة والتخطيط Planning and Control:

إن الرقابة لا تعمل منعزلة عن التخطيط والتخطيط هو الأساس الذي تم وضعه كإطار شامل للأداء المستقبلي في منظمات الأعمال حتى تحقق أهدافها، لذا لا يمكن اعتباره داخل حيز التطبيق الفعلي في المسار الصحيح إلا بوجود نظام فعال يبين أن الأداء يسير وفقاً للخطة الموضوعة، وهذا الأمر لا يتم إلا عن طريق ايجاد نظام رقابي فعال على الخطة.

ونرى أن معظم الإدارات في المؤسسات الكبرى تربط بين التخطيط والرقابة والمتابعة لأن كلاً الوظيفتين تمثلان وجهين لعملة واحدة وهي انجاز الأعمال بكفاءة عالية.

والعملية الرقابية هي الأساس الذي يبث روح في الخطوة وبدونها لا يشعر المسؤولون عن التنفيذ أنهم يقوموا بأداء شيء مخطط، كما أن الأهمال والتراخي في الرقابة يعمل على عدم متابعة الخطة، وبالتالي عدم الوصول إلى الهدف مما يؤثر على كفاءة المنظمة.

والعكس صحيح:

فإن الرقابة الدقيقة الواعية تساهم في إنجاز الخطط كما تعمل على تصحيح الانحرافات في الخطة وتؤدي إلى مواجهة المشاكل الطارئة والعمل على حلها بما يتناسب والموقف الطاريء.

ثالثاً: الرقابـة والتوجيه Directing and Control

عندما تكون هناك مشاركة بين أفراد المنظمة في وضع الخطة يساهم هذا الأمر إلى حد كبير في تنمية عملية الرقابة الذاتية، وهذا ناتج من اقتناع الأفراد بأهداف الخطة التي شاركوا في وضعها، واعتبار المعايير التي ساهموا في اعدادها لتقييم أدائهم هي المعايير الدقيقة وبذلك تسهل مهمة توجيههم وتصحيح الانحرافات التي قد تطرأ على أدائهم للواجبات الملقاة على عاتقهم وتسهمل مهمة الرقابة عليهم، وعند استخدام هذا الأسلوب يجب التأكد مما يلي:

1. بيان أن قيام الفرد في المنظمة بدوره في الرقابة الذاتية (رقابة الضمير) يعتبر واجباً شخصياً ومسؤولية فردية.
2. إن قيام الشخص بمتابعة أدائه الشخصي لا يعفى رئيسه من متابعة أو عدم تحمل مسؤولية توجيهه وتصحيح أدائه- إذا حدث انحراف.

3. حتى يتمكن الفرد من متابعة العمل الذي يقوم به بدقة، لابد وأن يكون قد فهم واجباته ومسؤولياته فهماً صحيحاً، وهنا يبرز دور الرئيس- المدير- في تحقيق هذا الأمر.

4. يجب أن يكون هناك نوع من المشاركة للعاملين في المنظمة تجاه:

- تقييم الأهداف.
- الرقابة الداخلية.

ويتم هذا بترجمة الخطط إلى أهداف مرحلية واضحة وسهلة القياس ووضع المعايير الرقابية المناسبة لها، ويبرز هذا الأمر عندما يتم تقسيم المنظمة إلى مراكز مستقلة- مثل مراكز الربحية في القطاع الخاص- بما يسهل من مهمة الرقابة واستقلال كل مركز على حده.

خصائص النظام الرقابي الفعال:

ما هي خصائص النظام الرقابي الفعال؟

لابد للنظام الرقابي - حتى يحدث أثره المطلوب - من خصائص ومستلزمات يتم مراعاتها أثناء وضع وممارسة النظام الرقابي ومنها:

1. **الموضوعية:**

لابد في عملية الرقابة أن تكون موضوعية وتوضح أسباب حدوث الخطأ إذا وجد خطأ حتى يتقبل ويستوعب المخطيء الأمر، ويسعى مجتهداً إلى تصحيح هذا الخطأ، أما إذا سأل لماذا فقيل له هي هكذا، فهذا قد يشعر المخطيء بأنه غير مخطيء، وأنه مظلوم وبالتالي يسعى لتصحيح هذا الخطأ.

2. **المرونـــة:**

ويقصد بها تصميم النظام بطريقة يمكنها التواؤم مع الواقع في حالة حدوث بعض المتغيرات وأن يناسب التطبيق وفق هذه المتغيرات دون إحداث تعديلات إلا أن تكون طفيفة إذا لزم الأمر.

لابد للمرونة من حدود وضوابط.

بمعنى ألا يكون ذلك على حساب دقة النظام وملاءمته:

3. **مـاذا تراقب؟؟**

حدد بدقة:

- المطلوب رقابته.

- معيار قياسه.
- نقاط المراقبة.
- تحديد الوضع الحالي.

لابد لهذه الأمور أن تكون واضحة للمراقب والمراقب.

4. **اضبطه يعمل شيئاً صحيحاً:**

يجب ألا يسعى النظام الرقابي إلى التصحيح والتشجيع إلا التصيد، بل يحاول أن يضبط الأفراد يؤدون شيئاً صحيحاً، بمعنى أن يلتقط الشيء الجيد ليشجعه.

5. **السرعة:**

من أساسيات النظام الرقابي الفعال سرعة اكتشاف الانحرافات قبل تسببها لمشاكل قد تتضخم، وهذا يعني ضرورة العملية الرقابية في فترات متقاربة ومتناسبة.

6. الوضوح:

لابد من الوضوح لمن يراقب ولمن يراقب، أي ما المكطلوب من نقاط حول الأداء وما هي معايير قياسها.

7. الشمول:

لا تعارض بين هذا المبدأ وبساطة ووضوح النظام الرقابي، ويقصد بالشمول إلا يتقصر النظام الرقابي على نقاط على حساب أخرى وخاصة المستهدفات، ومن الضروري ألا يحدث مراقبة ما يسهل مراقبته فقط.

8. الملاءمة:

ويقصد بها ملائمة النظام الرقابي لطبيعة النشاط ولطاقات الأفراد وللنواحي التنظيمية بالمنظمة وللظروف الداخلية والخارجية.

9. الاقتصادية:

أن يكون هناك عائد النظام الرقابي أكبر مما ينفق فيه من جهد ووقت ومال.

10. الاعتبار الإنساني:

لابد من إجواء التعاون والمودة (لأن المتعارف عليه في الرقابة أنها غالباً عملية منفرة باعتبارها صورة من الضغط والتفتيش وتصيد الأخطاء) فلابد من مشاركة المنفذين في وضع المعايير الرقابية وتنمية الرقابة الذاتية وإعطاءهم أدوات رقابية تمكنهم من معرفة موقف أدائهم أولاً بأول للتصحيح.

11. الدورية والاستمرار:

يجب ألا تكون الرقابة كنبضات منفصلة على فترات متباعدة بل يجب دوريتها واستمرارها، حيث تكون:

- قبل التنفيذ (بإعداد النظام الرقابي وتجهيزه).
- أثناء التجهيز (لتحديد الانحراف وتصحيحه).
- بعد التنفيذ (لتقييم النتائج وتصحيح المستقبل).

بهذا يكون النظام أقرب لتحقيق المستهدفات.

الخطوات العملية للوظيفة الرقابية Control Process:

كيف تتم الرقابة؟

وعملية الرقابة تتم على خطوات محددة وهي:

1. تحديد معايير الرقابة.
2. قياس الأداء الفعلي.
3. تصحيح الانحراف وعلاجه.

كيف تضع معياراً رقابياً فعالاً؟

نجد أنه في المرحلة الأولى لابد من إقرار المعايير المناسبة والتي تتلاءم مع الهدف من العملية الرقابية المطلوبة وبما يساهم في سرعة ودقة قياس الأداء حتى تتحقق أهداف الرقابة بأكبر كفاية ممكنة.

ونجد أن البعض يستخدم الأدوات التخطيطية كمعايير أساسية للعملية الرقابية ويتم قياس الأداء بناء على ما خطط له وتحديد الانحرافات عن الخطة وبيان أسبابها، وهذا النوع يسمى بالمعايير الرقابية التخطيطية، ونظراً لاختلاف وتباين الأنشطة داخل المؤسسات المختلفة، وذلك حجم تلك المؤسسات وتبعاً لما تقدم من بيان مستلزمات العملية الرقابية السليمة نجد أن هذه المعايير لابد وأن

تأخذ بعين الاعتبار جميع المؤثرات الداخلية والخارجية على المشروع في حالة تنفيذ العملية الرقابية، ومن هنا نجد أن الهدف يعتبر أحد المعايير التخطيطية المهمة.

الأهداف كمعيار للرقابة التخطيطية:

لاشك أن الهدف هو الأساس الأول لقيام المشروع وأن تحقيق الهدف بأكبر كفاية ممكنة هو معيار نجاح المشروع من عدمه، والرقابة هنا تسعى للمساهمة في تقييم أهداف المشروع آخذة بعين الاعتبار جميع المؤثرات الداخلية والخارجية التي تساهم في تحقيق الهدف او تعمل على اقامة تحقيقه.

وترتبط أهداف المشروع بعنصر الزمن، فالرقابة تأخذ بعين الاعتبار تحقيق الهدف في الوقت المحدد له، وحتى تسهل عملية الرقابة فلابد من وضوح الأهداف المراد استخدامها كأداة للرقابة، وأن تكون قابلة للقياس الكمي قدر المستطاع.

اللوائح والنظم والإجراءات كمعيار للرقابة:

واللوائح والنظم والإجراءات تساهم بشكل واضح في تحقيق الهدف بأكبر كفاية ممكنة، ودور الرقابة يتوقف على حسن أداء العمل والالتزام بالإجراءات واللوائح المنظمة للعلاقات بين الأفراد العاملين في المشروع وأدائهم لواجباتهم في

الوقت المحدد وبالصورة المطلوبة دونما تأخير أو تقصير، وبالتالي فإن تدوين هذه النظم في شكل لوائح يسهل من عملية الرقابة.

البرامج الزمنية ومراحل الإنجاز:

إن تقسيم المشروع إلى مراحل زمنية يساهم بشكل كبير في تسهيل مهمة الجهاز الرقابي وسرعة اكتشافه للانحرافات في مراحلها الأولى، حتى يمكن تصحيحها في الوقت المناسب وبما لا يؤثر على حياة المشروع ككل.

من هنا نجد أن المشروعات الكبيرة يتم تقسيمها إلى مراحل على فترات زمنية، قد تكون سنوية أو نصف سنوية ويتم بيان ما يجب إنجازه في نهاية كل مرحلة.

وبيان الجزء الواجب انجازه في نهاية كل فترة زمنية يجعل البرنامج معياراً وقتياً للرقابة حيث يستخدم في متابعة وقياس الأعمال التنفيذية ومقارنتها بالبرنامج، وبيان مدى الانحراف اللازم تصحيحه ومعرفة أسبابه والعمل على تصحيحه اولاً بأول.

الموازنات:

تستخدم الموازنات التقديرية كأداة من أدوات التخطيط وهي تعبر عن المتوقع انجازه في خلال فترة زمنية محددة، وبالتالي فإن استخدامها كمعيار من معايير الرقابة يعتبر ضرورياً، لأنها تعكس الأداء الفعلي في ضوء الأداء المتوقع.

ويتم استخدام الموازنات التقديرية للمقارنة بين ما تم انجازه فعلاً وما خطط له – أو ما كان متوقع إنجازه – ومعرفة الانحرافات الفعلية ثم تحليلها ومعرفة أسبابها بما يساهم في تلافي هذه الأسباب في مراحل الخطة اللاحقة والعمل على تحقيق أهداف المشروع بأكبر كفاية ممكنة.

كيف يمكن قياس الأداء؟

وهي مرحلة قياس الأداء الفعلي في ضوء المعايير المحددة سابقاً بعد اتمام تحديد المعايير والمقاييس المناسبة للعملية الرقابية تأتي المرحلة الثانية وهي مرحلة قياس الأداء الفعلي لما تم إنجازه في المشروع.

وقياس الأداء أو الإنجاز في المشروع يتوقف على الهدف من العملية الرقابية، فهو أما أن يكون قياساً كاملاً لكل أوجه نشاط العملية الإدارية، أو قياساً جزئياً أو مرحلياً لعينة عشوائية، أو قياساً وقتياً لفترة زمنية محددة، وتتوقف درجة القياس

على أهمية النشاط الفعلي محل القياس، وقياس الأداء وتقييمه له أساليب متعددة نستعرض منها ما يلي:

أولاً: القياس الفعلي باستخدام التقارير:

نظراً لتعدد المستويات الإدارية في الهيكل التنظيمي للمشروع نجد أن استخدام التقارير الرقابية يعتبر من أهم الأساليب التي تساهم في بيان نتيجة العملية الرقابية والمستويات الإدارية العليا بأسلوب مختصر، وذلك عن طريق رفع التقارير الرقابية من مستوى الإدارة الأعلى مبيناً في التقرير ما يلي:

ما هي بنود التقرير:

- الهدف من العملية الرقابية.
- النتائج المتوقعة.
- الأداء الفعلي.
- بيان مدى الانحراف عن الأداء الفعلي.
- أسباب ذلك الانحراف.
- وإضافة توصية بالحل المناسب لتصحيح الانحراف.

ما هي أشكال التقارير؟

ونجد أن التقارير الرقابية لها أشكال متعددة منها:

● التقرير الرقابي الشفهي.

● التقرير الرقابي التحريري.

وللتقارير الرقابية الشفهية أهمية في سرعة نقل المعلومات إلى المستوى الأعلى، كما أنه تستخدم في حالة العمل على تصحيح انحراف قد يؤدي إلى ضرر كبير إذا ما استمر الأداء لفترة زمنية بنفس الأسلوب، وبالتالي يساهم في التقرير الرقابي الشفهي في سرعة اتخاذ القرار، حتى يمكن تقليل المخاطر الناتجة عن الانحراف إلى أدنى حد ممكن.

ما هي عيوب التقرير الرقابي الشفهي:

● عدم دقة المعلومات – خاصة إذا انتقلت شفاهية من أكثر من فرد – كما أن مثل هذه التقارير لا تكون موثقة لاحتمال تغيير المعنى المراد نقله وعدم فهم الحالة بشكل صحيح.

ما هي أنواع التقارير؟

ويمكن تصنيف التقارير الرقابية من حيث طبيعتها إلى ما يلي:

أولاً: تقارير من حيث طبيعة العمل:

- تقارير رقابية مالية.
- تقارير رقابية على المبيعات.
- تقارير رقابية على الإنتاج.

ثانياً: من حيث الفترة الزمنية:

- تقارير أسبوعية.
- تقارير نصف شهرية.
- تقارير شهرية.
- تقارير ربع سنوية.
- تقارير سنوية.

ثالثاً: من حيث الشمول:

- تقارير شاملة.

* تقارير مختصرة.
* تقارير عن عمليات محددة.

الأساس اللازمة لإعداد التقارير الرقابية:

* معبراً:

أن يكون التقرير معبراً عن الهدف المطلوب تحقيقه في العملية الرقابية.

* واضحاً:

أن يعكس الانحراف الفعلي بوضوح.

* موضوعياً:

أن يكون التقرير موضوعياً خالياً من التحيز والرأي الشخصي.

* مختصراً:

أن يكون الوصف مختصراً وواضحاً دون إسهاب.

* محدداً:

أن تكون عبارات التقرير لا تحمل أكثر من معنى.

- **مرتباً:**

أن يكون مرتباً علمياً دقيقاً من حيث المحتويات يبدأ بالهدف من أعداده ثم ملخص الانجاز الفعلي، وبيان الأداء المتوقع، ثم إظهار الانحراف عن الأداء، وبيان أسباب الانحراف، ثم التوصيات اللازمة لتصحيح هذا الانحراف، وبيان أهمية التصحيح.

- **اقتصادياً:**

أن يكون التقرير اقتصادياً في الوقت والجهد.

- **واقعياً:**

أن تكون التوصيات واقعية وفي حدود الامكانات المتاحة للمشروع.

- **سريعاً:**

أن يقدم التقرير في الوقت المناسب دونما تأخير.

ثانياً: القياس الفعلي بالملاحظة الشخصية:

تعتبر الرقابة بالملاحظة الشخصية من طرق الرقابة المباشرة وهي تعني أن المراقب يقوم بنفسه بالإطلاع على الأداء وتسجيل ملاحظاته في ضوء المعايير

الرقابية الموضوعة، وتعتبر أساساً على الحكم الشخصي فيما إذا كان الأداء موافقاً للنظم واللوائح المستخدمة كمعايير رقابية، وبناء على ذلك التقرير الشخصي يمكن للمراقب أن يحدد ما إذا كان هناك انحراف وما أثر هذا الانحراف على الأداء، وبالتالي يتصرف تصرفاً سريعاً مباشراً بما يساهم في تصحيح الإنحراف أولاً بأول، ولهذا الأسلوب مزايا وعيوب نستعرض منها ما يلي:

أولاً: مزايا الرقابة بالملاحظة الشخصية:

- السرعة في اكتشاف الانحراف.
- سرعة تصحيح الانحراف.
- سهولة اكتشاف أسباب الانحراف.
- اتخاذ القرار المناسب في الوقت المناسب.
- عدم تعطيل عجلة الإنتاج.

ثانياً: عيوب الرقابة بالملاحظة:

- لا تصلح لجميع الأعمال.
- زيادة التكاليف المستخدمة في العملية الرقابية.
- تعتبر مصدر إزعاج للقائمين على التنفيذ.

- تعتبر محدودة النطاق لعدم قدرة المراقب على متابعة كل الأعمال في أماكن مختلفة في وقت واحد.
- تحتاج إلى مهارات عالية للقيام بهذا الواجب، وذلك لإقناع العاملين باخطائهم والعمل على تصحيحها بأسلوب لبق لا يؤدي إلى خلق اضطرابات ومشاكل في المؤسسة.

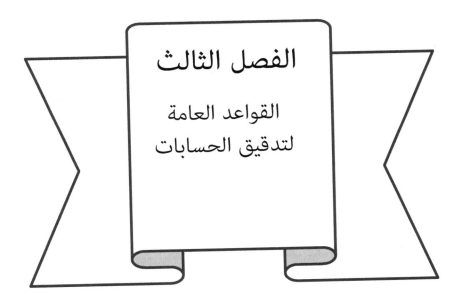

الفصل الثالث

القواعد العامة
لتدقيق الحسابات

القواعد العامة لتدقيق الحسابات

تمثل القواعد العامة للمدقق حساباتة والتدقيق الأساس الذي تقوم عليه هذه العملية، والإطار العام الذي يجب إن يلتزم به كل من يعمل في مجال هذه المهنة الهامة والحساسة في نفس الوقت، ومن ناحية أخرى يمكن النظر إلى هذه القواعد على أنها معايير لعملية تدقيق حسابات المطلوب مراعاتها والالتزام بها حتى تحقق هذه العملية أهدافها، وتتضمن هذه القواعد مجموعتين الأولى قواعد عامة تخص كل من شخصية المدقق حسابات ومؤسسة أو مكتب تدقيق حسابات أي أنها قواعد مشتركة بينهما، وهذه المجموعة تمثل في نفس الوقت المعايير العامة لمهنة تدقيق حسابات المتعارف عليها.

والمجموعة الثانية قواعد عامة تخص مؤسسة تدقيق حسابات فقط سواء كانت مؤسسات خاصة أو أجهزة ومؤسسات مدقق حساباتة حكومية، وتشتمل هذه المجموعة على قواعد عامة متعددة ضرورية لتنفيذ وأداء عمل تدقيق حسابات بكفاءة وفاعلية حيث ينبغي مراعاتها والالتزام بها.

1. المجموعة الأولى قواعد عامة مشتركة للمدقق حساباتة ومؤسسات المدقق حساباتة:

تتضمن هذه المجموعة من القواعد العامة جميع القواعد التي تطبق على كـل مـن المـدقق حسابات أو المدقق من ناحية وعلى مكاتب ومؤسسات تدقيق حسابات والتدقيق الخاصة والحكوميـة على السواء.

تعتبر هذه القواعد العامة الأساس لتحديد كيفية أداء وممارسة مهنة ووظيفة تدقيق حسابات والتدقيق وتعتبر مقياسا للأداء المهني بناء أعلى معايير عامة للمدقق حساباتة والتدقيق متعارف عليها عالميا وهي المعايير التي صدرت عن مجمع المحاسبين الأمريكي في منتصف القرن العشرين الماضي.

ومن ناحية أخرى تعتبر هذه المعايير وبالتالي القواعد المهنة للمدقق حساباتة بمثابة نمط أو نموذج يستخدم في الحكم على نوعية العمل الذي يقوم به المدقق حسابات كما تحدد هذه المعايير والقواعد إطار المسؤولية التي يتحملها المدقق حسابات.

وتتضمن هذه القواعد العامة (المعايير العامة) المشتركة بين شخص المدقق حسابات ومؤسسة أو مكتب المدقق حسابات سواء كانت خاصة أو جهاز حكومي عام، القواعد الرئيسية التي تواجه المعايير العامة الثلاثة للمدقق حساباتة والتدقيق، وهي الكفاءة المهنية اللازمة والاستقلال والحياد والعناية المهنية اللازمة، وسوف نعرض لها تفصيلا على النحو التالي:

القاعدة الأولى - الكفاءة المهنية اللازمة:

مما لا شك فيه إن الكفاءة المهنية كمعيار من معايير تدقيق حسابات والتدقيق تعتبر من القواعد الهامة التي يجب توافرها في كل من شخص المدقق حسابات أو المدقق ومؤسسة تدقيق حسابات سواء كانت في شكل مكاتب مدقق حساباتة متخصصة أو في شكل أجهزة حكومية عامة كالجهاز المركزي للمحاسبات في مصر أو ديوان المراقبة العامة في المملكة العربية السعودية أو ديوان المحاسبة في لبنان.

ومن الطبيعي يصعب توافر خصائص الكفاءة المهنية الكاملة في شخص المدقق حسابات منفردا، لذلك ينبغي توافر هذه الخصائص في فريق المدقق حساباتين الذين يستولون مهام تدقيق حسابات والتدقيق في وحدة أو مؤسسة اقتصادية معنية، سواء قامت بهذه المهمة مؤسسة خاصة للمدقق حساباتة(مكتب مدقق حساباتة قانوني خاص) أو جهاز رقابي حكومي عام.

وتدور هذه الخصائص بالنسبة للكفاءة اللازمة والمتكاملة حول العناصر التالية:

1. تعدد مجالات الكفاءة المهنية.
2. اختلاف أنواع هذه الكفاءة المهنية.
3. مدعى عمق هذه الكفاءة المهنية ومدى الحاجة إلى ذلك.

شروط تحقيق الكفاءة المهنية اللازمة:

أ.   التأهيل العملي المناسب، والذي يتطلب كحد أدنى حصول كل من يرغب في ممارسة مهنة تدقيق حسابات والتدقيق على مؤهل علمي متخصص ومثال ذلك في تخصص المحاسبة.

ب.   الممارسة العملية اللازمة، والتي تتطلب حد أدنى معين ومناسب للعمل في مجال تدقيق حسابات والتدقيق حتى يكون المدقق حسابات مناسبا من حيث الكفاءة المهنية.

ج.   التطوير والتحديث، ويتم ذلك عن طريق الاطلاع والإحاطة المستمرة بالتطورات الحديثة في مجال المحاسبة وتدقيق حسابات وما يتعلق بهما من أهمية الإحاطة بكل المتغيرات والتطورات في المجالات الإدارية والاقتصادية والقانونية على مستوى الدولة من ناحية وعلى مستوى العالم من ناحية أخرى، كما ينبغي على المدقق حسابات أو مؤسسة تدقيق حسابات الإلمام الكافي بأي تطورات في مجالات التكنولوجيا والحاسبات الآلية والمعلومات وما أثرها في الوقت الحاضر، لأن ذلك يعمل على زيادة الكفاءة المهنية اللازمة.

ومعنى ما تقدم إن الكفاءة المهنية تستلزم المعرفة العامة والتأهل العلمي والعملي المناسبين والخبرة والقدرة المناسبة على حل المشاكل في مجال المهنة والمهارة في أداء العمل.

القاعدة الثانية: الاستقلال والحياد:

إن الاستقلال الكامل للمدقق حسابات الخارجي أو مؤسسة تدقيق حسابات الخارجية أو الجهاز الحكومي المنوط بعملية تدقيق حسابات والتدقيق من المعايير العامة للمدقق حساباتة يعتبر من أهم القواعد العامة التي يدب توافرها حتى تم عملية الفحص وتدقيق حسابات بجدية تامة ودون أي ضغوط من أي طرف على القائم بهذه العملية.

ومن ناحية أخرى فإن الاستقلال المهني حقيقة وقناعة ذهنية راسخة في نفس المدقق حسابات يجب إن يشعر بها بالصورة التي تقنعه بعدم تحيزه بشكل أو بآخر للجهة التي يقوم بمدقق حساباتة وتدقيق حساباتها وقائمها، بل يكون تحيزه بالدرجة الأولى لقواعد وآداب وسلوكيات المهنة.

ومن هذا المنطلق يمكن القول إن استقلال وحياد المدقق حسابات يمثل القاعدة الأساسية التي يقوم عليها مفهوم وأسلوب تدقيق حسابات.

أولاً: أهمية استقلال وحياد المدقق حسابات:

إن تمتع المدقق حسابات ومؤسسة المدقق حسابات بالدرجة الكاملة من الاستقلال والحياد من الأمور الهامة لإنجاز عملية تدقيق حسابات والتدقيق بدرجة كفاءة عالية، وترجع هذه الأهمية إلى العوامل التالية:

- إن الاستقلال والحياة قاعدة ومبدأ أساسي تتطلبه الموضوعية اللازمة لتحقيق هدف تدقيق حسابات والتدقيق الرئيسي المتمثل في إبلاغ الأطراف المعنية بنتائج تدقيق حسابات.

- إن الاستقلال والحياد مبدأ ضروري لحماية مصالح تلك الأطراف المختلفة التي توجه لها خدمات تدقيق حسابات.

- إن الاستقلال والحياد عند توافرهما كمبدأ وقاعدة أساسية تعمل على زيادة الثقة والتعزيز اللذان يضفيهما المدقق حسابات على المعلومات التي تقدمها له الجهات المعنية بتدقيق حسابات والتدقيق.

- إن تحقيق أهداف تدقيق حسابات لا تضمنها الموضوعية الحقيقية كما يقدرها المدقق حسابات فحسب ولكن انطباع الآخرين عن مدى توفر الاستقلال المهني للمدقق حسابات هي عملية ضرورية لتحقيق مبدأ الاستقلال والحياد.

- إن التأكيد على الاستقلال والحياد حقيقة (كما يراه ويقدره المرجع) ومظهراَ (كما يراه الآخرون) يتطلب تقييم استقلال المدقق حسابات أو مؤسسة تدقيق حسابات والأخذ في الاعتبار العناصر التالية:

1. الحكم على ظروف العمل بمعيار العقل والمنطق والمعقول.
2. توافر الحقائق اللازمة للحكم على استقلالية المدقق حسابات أو مؤسسة تدقيق حسابات.
3. تقدير تصرف وسلوك المدقق حسابات بمعيار تصرف وسلوك الرجل العادي وفي ضوء الظروف والإمكانيات المتاحة والمتوفرة.

ثانياً: عوامل دعم استقلال وحياد المدقق حسابات:

يجب إن تتضافر الجهود المختلفة وتتعاون الجهات المعنية بتدقيق حسابات مع المدقق حسابات لدعم وتعزيز مبدأ الاستقلال والحياد، ومن هذه الجهات الأجهزة الحكومية أو الوحدات الاقتصادية موضوع تدقيق حسابات، ومن العوامل التي تعمل على دعم الاستقلال والحياد ما يلي:

1. رقابة ترخيص المدقق حساباتين وضبط أعمالهم.
2. وضع نظام لعقاب المدقق حسابات أو مؤسسة تدقيق حسابات التي لا تراعي أحكام ومتطلبات الاستقلال والحياد.

3. الاستغلال الأمثل للقوى البشرية اللازمة لمارسة عملية تدقيق حسابات.
4. مراقبة مدى تطور عمل المدقق حساباتين والضغط عليهم لتحسين مستوى أداء خدماتهم ومتابعة ذلك بصفة مستمرة.
5. إعادة النظر في إجراءات التعيين المدقق حسابات حتى تكون أكثر موضوعية وتـأكيد استقلاله عن طريق ربط تعيينه وتحديد أتعابه وإقالته بأعلى سلطة من الوحدة موضوع تدقيق حسابات.

مما سبق تؤكد إن المشاركة الجهات المختلفة ذات العلاقة بعملية تدقيق حسابات من دعم قاعدة الاستقلال لا يعني أنها هي المسؤولية الرئيسية عن هذه القاعدة ولكن يجب التأكيد على إن التحقق من استقلال وحياد المدقق حسابات (المدقق) أو مؤسسة تدقيق حسابات يقع أولا وأخيرا على شخص المدقق حسابات أو مؤسسة تدقيق حسابات ذاتها قبل أي جهات أخرى.

ثالثاً: صورة مختلفة للاستقلال والحياد:

. يوجد العديد من صور الاستقلال والحياد الذي يتمتع به (أو تنبغي إن يكون عليه) المدقق حسابات ومن أهمهما ما يلي:

- رفض المدقق حسابات أو مؤسسة تدقيق حسابات لأية قيود أو ضغوط تحول دون التزامه بقواعد ومبادئ ومعايير تدقيق حسابات المتعارف عليها.

.

- الاستقلال المالي والإداري والاجتماعي.
- الاستقلال في البحث الميداني.
- حرية وضع وتصميم برامج تدقيق حسابات اللازمة للوحدة.
- عدم تدخل الإدارة في إلغاء أو تعديل أو تحديد مدى أو حجم أو توقيت أي عنصر من عناصر عملية تدقيق حسابات.
- حرية البحث والاطلاع على كافة المستندات والدفاتر والملفات والمعلومات اللازمة لتوفير دليل تدقيق حسابات المهني اللازم.
- حرية إعداد التقرير مع الالتزام بقواعد إعداده بكفاءة وفاعلية دون تدخل أي طرف بشكل أو بآخر.

رابعاً: عناصر الاستقلال والحياد:

تتعدد العناصر التي تكون مبدأ وقاعدة الاستقلال والحياد والتي يجب توافرها حتى يستطيع المدقق حسابات أداء عمليه بحرية وكفاءة واهم هذه العناصر ما يلي:

1. الاستقلال المالي.
2. الاستقلال الإداري.
3. الاستقلال الاجتماعي.

ونتناول كل عنصر من هذه العناصر بشيء من التفصيل فيما يلي:

1. الاستقلال المالي:

ويعني الاستقلال المالي للمدقق حسابات إن يبتعد عن أي أعمال أو أنشطة معنية ذات طابع مالي قد تؤثر على درجة استقلاله في أداء مهمته وبمعنى آخر لا يدخل بطريقة مباشرة أو غير مباشرة في معاملات مالية مع العمل الذي يتولى مدقق حساباتة وتدقيق حساباته ودفاتره، ومن هذه الأنشطة والأعمال التي تفقد المدقق حسابات استقلاليته وخاصة من الجانب المالي عند اشتراكه فيها أو القيام بها ما يلي:

1. استثمار المدقق حسابات جانبا من امواله لدى العميل الذي يتولى تدقيق حساباته كأن يكون:
   أ. شريكا في شركة أشخاص (تضامن أو توصية بسيطة).
   ب. مساهما في شركة أموال (مساهمة أو توصية بأسهم).
2. إن يشترك المدقق حسابات في تيسير حصول العميل أو المؤسسة التي يتولى مدقق حساباتة وتدقيق حساباتها على أموال في شكل قروض مثلا من احد المصارف أو سلف أو قد يتنازل المدقق حسابات عن أتعابه أو نسبة منها عن عمليات سابقة لغرض الاستمرار مع العميل.

3. تدخل المدقق حسابات بطريقة مباشرة أو غير مباشرة في إتمام صفقات بيع أو شراء معينة لحساب العميل نظير مقابل معين أو بدون مقابل كخدمة لعميله مما يؤثر بشكل أو بآخر على درجة استقلاله معنى ذلك إن العلاقات المالية المباشرة أو غير المباشرة للمدقق حسابات مع عملية تؤثر بشكل أو بآخر على درجة استقلاله في أداء مهمته وبالتالي التأثير السلبي على درجة الثقة في رأيه المهني وفي حياده وموضوعيته.

وفيما يلي بعض صور العلاقات المالية المباشرة أو غير المباشرة والتي تؤثر أو بآخر على درجة استقلال المدقق حسابات:

1. اشتراك المدقق حسابات أو زوجته وأحد أبنائه بشكل مباشر بالاستثمار في رأس مال الشركة أو المؤسسة التي قد يتولى المدقق حسابات تدقيق حساباتها ومدقق حساباتتها، وفي هذه الحالة يجب على المدقق حسابات الامتناع تماما عن قبول مهمة مدقق حساباتة عمليات وحسابات هذه الشركة أو المؤسسة.
2. اشتراك احد اقرباء المدقق حسابات حتى الدرجة الرابعة في رأس مال الشركة أو المؤسسة التي قد يتولى المدقق حسابات تدقيق ومدقق حساباتة حساباتها، وفي هذه الحالة يجب على المدقق حسابات تقييم مدى الأهمية النسبية للقيمة المالية موضوع الاشتراك فإذا كانت عالية عليه إن يمتنع عن قبول المهمة، وإذا كانت ضئيلة وغير مؤثرة فيمكنه قبول المهمة مع تحفظه

على ذلك، ويعني ذلك إن يعلن عن مدى مساهمة أحد أقربائه وانه يتحفظ بشكل أو بآخر على ذلك حتى يحمي رأيه من أي تأويل أو عدم فهم أو سوء تفسير.

3. حالة اشتراك أحد أقرباء المدقق حسابات ولم يبلغ الدرجة الرابعة في رأس مال الشركة أو المؤسسة التي قد يتولى المدقق حسابات مهمة مدقق حساباتتها وتدقيقها، وفي هذه الحالة على المدقق حسابات إن يتجنب قبول المهمة إذا كانت درجة المساهمة هذه في رأس المال عالية جدا، حتى لا يتعرض بشكل أو بآخر لأي ضغوط أو أي مواقف حرجة قد تؤثر على حياده واستقلاله، إما إذا كانت المساهمة في رأس المال محدودة أو ضئيلة فلا مانع من قبول المهمة مع الحذر.

وفي هذا المجال قد تنص قوانين إنشاء الأجهزة الرقابية الحكومية في بعض الدول كالجهاز المركزي للمحاسبات من مصر أو ديوان المراقبة في السعودية أو ديوان المحاسبة في لبنان، على عدم جواز اشتراك رئيس الجهاز أو نائبه أثناء توليه وظيفته في شراء أي أصول أو موجودات عامة مملوكة للدولة أو إن يؤجرهما أو يبيع للدولة شيئا من امواله أو يقايض عليها.

وقياساً على ذلك فلا يجب على المدقق حسابات المستقل وحفاظا على حياده وموضوعيته ألا تكون بينه وبين عمليه أي معاملات مالية بطريقة مباشرة أو غير مباشرة.

وبصفة عامة يمكن القول إن المدقق حسابات يستطيع تجنب الأسباب والعوامل التي تحد من الاستقلال المالي أو تؤثر عليه وذلك عن طريقة معالجة هذه الأسباب أو العوامل كبيع حصص الملكية في حالات الاستثمار أو بدفع الدين في حالة الاقتراض أو يقوم بتحصيل أتعابه عن سنوات سابقة، أو يتم الامتناع عن قبول مهمة التدقيق وتدقيق حسابات، ولا شك إن معالجة هذه الأسباب قبل البدء في عملية تدقيق حسابات تمكن المدقق حسابات من أداء مهمته بحيادية وموضوعية واستقلال كامل.

2. الاستقلال الإداري:

يتمثل الاستقلال الإداري الذي يجب إن يتمتع به المدقق حسابات لاستكمال جوانب الاستقلال الكامل له في البعد عن العلاقات التي قد تنشأ مع العميل الذي يمثل الشركة أو المؤسسة موضوع تدقيق حسابات، ومن هذه العلاقات ما يتصل بالإدارة العليا أو بصورة المدقق حسابات كخبير مالي أو إداري.

وفي هذا المجال وكما هو الحال في الاستقلال المالي فإن هذه العلاقات الإدارية قد تكون مباشرة أو غير مباشرة مع المدقق حسابات أو زوجته أو أبنائه أو أحد أقربائه.

ومن الحالات التي يجب مراعاتها لتحقيق الاستقلال الإداري ما يلي:

أ.   لا يجب إن يجمع المدقق حسابات بين مهمته كمدقق حسابات للشركة وعضوية مجلس الإدارة

ب.   لا يجب إن يشترك المدقق حسابات في تأسيس الشركة التي تقوم بمدقق حساباتها.

ج.   لا يجب إن يساهم المدقق حسابات بأي عمل إداري في الشركة ولو على سبيل الاستشارة.

د.   لا يجب إن يكون المدقق حسابات شريكا لأحد مؤسسي الشركة أو لأحد أعضاء مجلس الإدارة أو موظفا لديه أو قريبا له حتى الدرجة الرابعة.

ه.   لا يجب إن يكون المدقق حسابات الذي يتولى تدقيق ومدقق حساباتة حسابات الشركة أو المؤسسة مستشارا إداريا أو ضريبيا، لأن المحاسبة الضريبية للشركة تعتمد إلى حد كبير على الرأي المستقل والمحايد للمدقق حسابات الذي قام بمدقق حساباتة حسابات الشركة وتدقيقها باستقلالية وحياديه

تامة فلا يجوز الجمع بين المهمتين حتى لا يؤثر ذلك على درجة الاستقلال الكامل الذي يجب إن يتمتع به المدقق حسابات.

و. لا يجب أن يقبل المدقق حسابات أي مرتبات أو مكآفات من عملية معينة بخلاف الأتعاب المتفق عليها.

ز. لا يجب إن يقبل المدقق حسابات القيام بأي عمل تجاري أو مهني مع عميله.

ح. يجب على المدقق حسابات إن يتجنب الجمع بين الخدمات المحاسبية وخدمات تدقيق حسابات والتدقيق.

ط. يجب إن يقيم المدقق حسابات أي علاقات سابقة له مع الإدارة العليا خلال الفترة التي تسبق عمله كمدقق حسابات وعليه إن يعتبر هذه العلاقات خلال الثلاث سنوات السابقة عاملا يؤثر على استقلاله، وان يدقق علاقته بالعميل كموظف من مستويات إدارية عليا أو خبير أو مستشار خلال السنة المالية السابقة للمدقق حساباتة عند تحديد الاستقلال الإداري المطلوب تحقيقه.

3. الاستقلال الاجتماعي:

يدور الاستقلال الاجتماعي الذي يجب إن يتمتع به المدقق حسابات حول العناصر الرئيسية التالية:

أ. إن وجود علاقات اجتماعية معينة في حدود إطار معقول لا تؤثر على استقلال المدقق حسابات.

ب. يتعين على المدقق حسابات إن يقيم ويأخذ في الاعتبار علاقات الصداقة القوية والعلاقات العائلية عند تقدير استقلاله المهني.

ج. يتعين على المدقق حسابات إن يمتنع عن قبول الهدايا على سبيل التقارب أو التعارف خاصة إن كانت الشركة أو المؤسسة موضوع تدقيق حسابات.

د. على المدقق حسابات إن يستقيل من آية مهمة كانت عندما يرى إن مصلحته تتضارب مع مصالح الآخرين.

خامساً: إجراءات وسياسات تساعد على تحقيق الاستقلال:

توجد مجموعة من الإجراءات والسياسات التي يمكن لمكاتب تدقيق حسابات والمدقق حساباتين العاملين فيها ابتاعها لزيادة وتحقق درجة معقولة من الاستقلال المهني ومن هذه الإجراءات والسياسات ما يلي:

أ. تعليم وتثقيف المدقق حساباتين في الأمر التي تتعلق بالاستقلال المهني.

ب. تقليل حالات عدم توافر الاستقلال المهني.

ج. الأخذ في الاعتبار أهمية مراعاة حالات الاستقلال المهني المطلوبة.

2. يمكن لمكاتب تدقيق حسابات ومؤسسات التدقيق الاحتفاظ بسجلات تتضمن معلومات خاصة بمبدأ الاستقلال منها:
   أ. معلومات عن خبرة المدقق حساباتين السابقة.
   ب. معلومات عن أقارب المدقق حساباتين مع العملاء.
   ج. معلومات عن أسماء الشركات والمؤسسات التي تتعامل معها مكاتب تدقيق حسابات.
3. التركيز على قواعد الاستقلال المهني في برامج التدريب الخاصة بالمدقق حساباتين العاملين في مكاتب تدقيق حسابات وتذكيرهم بشكل دوري بعدم الخروج على مستلزمات الاستقلال.
4. تجنب تكليف المدقق حساباتين بأي عمليات مدقق حساباتة أو تدقيق قد تثير بعض الشبهات حول استقلالية المدقق حسابات.
5. التأكد من تحقق الاستقلال المهني قبل قبول تدقيق و مدقق حساباتة أي شركات أخرى، ومن استقلال مكاتب تدقيق حسابات الأخرى التي قد تشارك في انجاز عملية تدقيق حسابات وتحمل جانب من مسؤوليتها.
6. منع العاملين في مكاتب تدقيق حسابات من قبول أي هدايا أو خدمات عينية معينة لأي سبب من الشركة أو المؤسسة التي يتم مدقق حساباتتها وتدقيقها.

القاعدة الثالثة: العناية والمسؤولية المهنية اللازمة:

تتعلق هذه القاعدة من وقواعد تدقيق حسابات والتدقيق العامة بالمستوى والجهد الذي يجب إن يقوم به المدقق حسابات ومؤسسة تدقيق حسابات ومقدار العناية المهنية المبذولة لأداء وتنفيذ برامج تدقيق حسابات والتدقيق الموضوع، وما يترتب على ذلك مسؤولية مهنية على اختلاف أنواعها.

وتتضمن هذه القاعدة كأحد المعايير العامة تدقيق حسابات العناصر الرئيسية التالية:

أولاً: بذل العناية المهنية اللازمة:

يتناول هذا العنصر مستوى الأداء المهني والذي يدور حول مقدار الجهد الذي يبذل من قبل المدقق حسابات أو مؤسسة تدقيق حسابات في سبيل أداء وتنفيذ كافة أنشطة تدقيق حسابات والتدقيق بهدف حماية مصالح القائم بتدقيق حسابات من ناحية والمؤسسة أو الجهة التي يتم مدقق حساباتها وتدقيقها من ناحية أخرى.

ويتطلب هذا العنصر حتى يتحقق بالمستوى الملائم مراعاة ما يلي:

1. على المدقق حسابات أو مؤسسة (أو مكتب) تدقيق حسابات باعتبار أي منهما كيان مهني معترف به مراعاة أداء خدمات تدقيق حسابات بحرص وعناية مهنية يتوفر فيها درجة معقولة من المهارة الفنية والممارسة الأخلاقية التي تتناسب والمسؤولية الملقاة على عاتقه والدور المتوقع منه.

2. على المدقق حسابات إن يلعب دورا اجتماعيا هاما بما يتمتع به من فطنة وحكمة وتقدير شخصي في مجال تحديد طبيعته ومدى وتوقيت إجراءات تدقيق حسابات اللازمة.

3. على المدقق حسابات أو مكتب تدقيق حسابات ضرورة تحديد دور كل فرد من المساعدين ومسؤوليته من اكتشاف أي تصرفات غير مشروعة أثناء عملية تدقيق حسابات كالتلاعب أو الغش أو التزوير بشكل واضح، وتطلب ذلك ما يلي:

أ. تحديد ودراسة طبيعة الأنواع المختلفة من هذه التصرفات وما يتحمله المدقق حسابات وما لا يسأل عنه.

ب. دراسة طبيعة المسؤولية الاجتماعية لمهنة تدقيق حسابات ودورها في تخفيض التكاليف الاجتماعية المترتبة على خسائر تحققت بسبب اتخاذ القرارات خاطئة تعتمد على بيانات غير سليمة.

ج. تقييم مدى إمكانية اكتشاف وعلاج الأخطاء في الوقت المناسب.

4. لتأكيد أهمية وضرورة بذل العناية المهنية اللازمة كقاعدة أساسية من قواعد تدقيق حسابات والتدقيق العامة فإنه ينبغي على المدقق حسابات عند إعداد تقريره وإبداء رأيه المهني إن يراعي ارتباط هذا التقرير وما يتضمنه من رأي بأكبر قطاع من المستفيدين منه داخل أو خارج الوحدة التي يتم مدقق حساباتها وتدقيقها.

5. لتحقق بذل العناية المهنية اللازمة والملائمة يتطلب من المدقق حسابات أو مؤسسة أو (مكتب) تدقيق حسابات الأخذ في الاعتبار العناصر التالية (بصفة عامة):

أ. ضرورة الالتزام بالقواعد العامة للمدقق حساباتة والتدقيق (المعايير العامة للمدقق حساباتة).

ب. الأخذ في الاعتبار الظروف العامة والخاصة للجهة التي يتم تدقيقها عند تحديد متطلبات التدقيق وإجراءات تدقيق حسابات.

ج. الأخذ في الاعتبار الجوانب التالية عند وضع وتنفيذ برنامج تدقيق حسابات:

● تكافؤ تكاليف إجراءات تدقيق حسابات والتدقيق مع الأهداف المتوقعة منها.

● توزيع جهد وطاقات المدقق حساباتين مع مراعاة الأهمية النسبية للعناصر التي يتم تدقيقها ومدقق حساباتها.

- توزيع جهد تدقيق حسابات مع مراعاة المسؤولية أو المخاطرة التي يفترضها تدقيق حسابات.

د. د- مراعاة الطرق اللازمة لزيادة درجة التفاهم وتخفيض احتمالات سوء الفهم بين المدقق حسابات والجهة التي يتم تدقيقها ومدقق حساباتها.

ه. تجب المدقق حسابات لأي ازدواجية عند توزيع الأعباء بين المساعدين.

و. حصول المدقق حسابات من الإدارة الوحدة التي يقوم بمدقق حساباتها وتدقيقها على خطاب تقر فيه بمسؤوليتها عن دقة وصحة وكفاية البيانات والمعلومات المقدمة له وإنها خالية من أي أخطاء معتمدة أو غير معتمدة وان الجهة تلتزم بالقوانين العامة والخاصة المرعية.

ثانياً: المسؤولية المهنية:

إن مفهوم بذل العناية المهنية الواجبة بفرض بالضرورة مستوى من مسؤولية الأداء يجب تحقيقه وهذا المستوى يدخل في نطاق ما يعرف بالمسؤولية المهنية، وتتمثل هذه المسؤولية في المبادئ الاخلاقية التي يجب إن يتمتع بها المدقق حسابات والتي تعمل على زيادة الثقة بصفة عامة فيما يقوم به من عمل وما يبديه من آراء وما يعده من تقارير.

وبالرغم من إن الإدارة في المؤسسة التي يتم مدقق حساباتها وتدقيقها هي المسؤولية الرئيسية عن صحة وكفاية مضمون وشكل التقارير المالية وما تتضمنه من بيانات ومعلومات، إلا إن ذلك لا يعني إعفاء المدقق حسابات من تلك المسؤولية، إذ تقع عليه مسؤولية مهنية ذات طبيعة خاصة كعنصر من عناصر تدقيق حسابات بصفة عامة، وتدعم هذه المسؤولية ما يجب إن يتمتع به المدقق حسابات من مبادئ أخلاقية ومسؤولية اجتماعية يحددها إدراكه لدوره الاجتماعي بصورة عامة، لذلك عليه إبراز هذه المسؤولية عند تصميم برامج تدقيق حسابات والتدقيق.

وتتركز مسؤولية المدقق حسابات ومؤسسة تدقيق حسابات المهنية في النواحي التالية:

أ.   المسؤولية المهنية في اكتشاف الأخطاء:

ومن الأخطاء الواجب على المدقق حسابات اكتشافها والتي تدخل في نطاق المسؤولية المهنية ما يلي:

1.   أخطاء دفترية أو حسابية، وهي التي ترتكب عند تسجيل العمليات المالية في السجلات والدفاتر مثل الخطأ في كتابة أرقام هذه العمليات أو في التوجيه المحاسبي لها.

2. أخطاء فنية، وهي التي تعلق بعدم الالتزام بتطبيق القواعد المحاسبية المتعارف عليها بطريقة سليمة أو عدم تفهم بعض العمليات المالية عند تسجيلها دفتريا أو الجهل بهذه القواعد أو التفسير الخاطئ لطبيعة هذه العمليات.

3. أخطاء إجرائية، وهي التي تعلق بعدم الالتزام بالخطوات اللازمة لتنفيذ عمليات معينة أو إنهاء إجراءات خاصة أو عدم توافر أدلة الإثبات المستندية لبعض هذه العمليات أو الإجراءات أو ارتكاب بعض المخالفات المالية عن طريق عدم طريق عدم الالتزام بالإجراءات الخاصة ببعض عمليات الصرف أو التحصيل المالية مثلا.

4. طبيعة الأخطاء وأهميتها: لا تتوقف مسؤولية المدقق حسابات على مجرد كشف الأخطاء فقط بل ينبغي عليه تحديد ما يلي:

1. طبيعة الأخطاء والدافع لها:

حيث تنقسم الأخطاء في هذا المجال إلى نوعين:

الأول: أخطاء متعمدة: وهي الأخطاء التي يتم ارتكابها عن عمد وتكون مقصودة بهدف تغطية تصرفات معينة غير مشروعة كالاختلاس أو الإسراف أو

بهدف الوصول إلى نتيجة معينة أو إخفاء حقيقة معينة أو إبرازها بصورة غير صحيحة.

الثاني: أخطاء غير متعمدة: وهي الأخطاء التي ترتكب عن غير قصد نتيجة السهو أو النسيان أو عدم الانتباه أو الجهل بتفسير أو تطبيق بعض القواعد المحاسبية المتعارف عليها، ومن ناحية أخرى لا يتوفر الدليل المناسب على إمكانية كشف تلك الأخطاء ضمن الإجراءات الرقابية العادية للوحدة.

2. الأهمية النسبية لهذه الأخطاء:

حيث تنقسم الأخطاء في هذا المجال إلى نوعين:

الأول: أخطاء أو مخالفات أهميتها وقيمتها النسبية عالية.

الثاني: أخطاء أو مخالفات أهميتها وقيمتها النسبة بسيطة أو ضئيلة.

ولا شلك إن الفصل بين النوعين من الأخطاء ترجع إلى خبرة وفطنة وحكمة المدقق حسابات, وخاصة في حالة عدم وجود مستوى معين أو مبلغ معين كحد أدنى أو حد أقصى يعبر به عن مدى أهمية الخطأ المعين.

5. مؤشرات احتمال وجود أخطاء أو مخالفات:

يمكن للمدقق حسابات في مجال تحديد مسؤوليته عن الأخطاء أو المخالفات ومدى أهميتها أو الدافع لها إن يسترشد ببعض المؤشرات التي قد تثير الشبهات حول احتمال وجود أخطاء أو مخالفات ويعتمد في ذلك كما قلنا على خبرته وكفاءته في هذا المجال وفي ذلك ما يلي:

أ. ملاحظة تدقيق حسابات لسلبية إدارة الوحدة التي يقوم بتدقيقها ومدقق حساباتها في مجال تنفيذ بعض التوصيات الخاصة بمعالجة بعض أوجه القصور في نظام الرقابة الداخلية ورفضها دون مبرر منطقي مناقشة هذه التوصيات وتطبيقها.

ب. ملاحظة المدقق حسابات التغيير المستمر المتكرر للمستشار القانوني للشركة.

ج. عدم استقرار الحالة الاقتصادية للشركة وتعرضها لخسائر متسمرة مع وجود ضعف واضح في رأس المال العامل فيها.

د. ملاحظة المدقق حسابات لبعض العمليات الشاذة أو غير المنطقة أو بعض العلميات الاقتصادية المتكررة خلال فترة معينة بصورة تلفت النظر مع جهات أو أطراف بعينها دون غيرها ومثال ذلك إرساء بعض المناقصات المتكررة على

جهة معينة لها علاقة ما بالمؤسسة موضوع التدقيق وتدقيق حسابات، أو شراء المتكرر من جهة ما لبعض الأصناف رغم وجود جهات أخرى منافسة.

ه. صعوبة حصول المدقق حسابات على بعض المستندات أو الوثائق الكافية أو عدم توفر السجلات والدفاتر الكافية والمناسبة أو عدم حصول المدقق حسابات على إجابات وتفسيرات مقنعة ومنطقية لبعض العمليات المختلفة.

و. ملاحظة المدقق حسابات تجنب بعض المسؤولين في الشركة التي يتم مدقق حساباتتها الاشتراك في مناقشة بعض الملاحظات المالية أو التوصيات بصورة تلفت النظر وتثير الشكوك في احتمال وجود بعض الأخطاء أو المخالفات.

6. حدود المسؤولية المهنية للمدقق حسابات في اكتشاف الأخطاء:

رغم صعوبة وضع معايير عامة يعتبر المرجع بموجبها مسؤولا عن نوع محدد من الأخطاء أو المخالفات إلا انه يمكن الاسترشاد ببعض القواعد التي تساهم بشكل ما في وضع حدود لمسؤولية المدقق حسابات المهنية في اكتشاف الأخطاء ومنها ما يلي:

أ. يعتبر المدقق حسابات مسؤولا عن الأخطاء في حالة تقصيره في إتباع إجراء معين أو قاعدة هامة من قواعد التدقيق وتدقيق حسابات.

ب.   تزداد مسؤولية المدقق حسابات كلما زادت الأهمية النسبية لقيمة الخطأ أو المخالفة.

ج.   تزداد مسؤولية المدقق حسابات كلما قل تدخل الإدارة في الخطأ أو المخالفة.

د.   تزداد مسؤولية المدقق حسابات كلما قل عدد المشتركين في إخفاء الأخطاء أو المخالفة المقصودة أو المتعمدة.

هـ.   تزداد مسؤولية المدقق حسابات كلما كان الخطأ أو المخالفة واضحة وصريحة.

و.   تزداد مسؤولية المدقق حسابات كلما كان هناك قصور في جمع أدلة الإثبات أو قرائن تدقيق حسابات من المستندات المختلفة.

ز.   تزداد مسؤولية المدقق حسابات كلما كان الخطأ هام وغير مقصود أو غير معتمد.

ح.   تزداد مسؤولية المدقق حسابات كلما كان سبب الخطأ أو المخالفة ضعف نظام الرقابة الداخلية بصورة واضحة، ويرجع ذلك إلى إن أول مهام المدقق حسابات تقييم هذا النظام ودراسته والعمل على تدعيمه وسد الثغرات التي تكتشف فيه، ومن ناحية أخرى فإن المدقق حسابات يضع برنامج مدقق حساباته بناء على نتيجة تقييم نظام الداخلية لعميله.

ط. تزداد مسؤولية المدقق حسابات كلما زادت خبرته في مدقق حساباتة عمليات نفس الشركة ولكما زادت عدد المرات التي تكرر فيها نفس الخطأ أو المخالفة.

7. التقرير عن الأخطاء أو المخالفات:

ينبغي على المدقق حسابات في نهاية أدائه لمهمته إعداد تقرير يتضمن المعلومات المختلفة عن الخطوات التي قام به وطبيعة الأخطاء والمخالفات التي تم اكتشافها، وتوصياته الملائمة لعلاج هذه الأخطاء، ومن أهم ما يجب إن يحتوي هذا التقرير الذي يقدمه المدقق حسابات إلى الإدارة ما يلي:

- مجموعة أدلة الإثبات والقرائن المرتبطة بالخطأ أو المخالفة مع تحديد أسباب وقوعها والصعوبات التي واجهته في تحديد هذه الأسباب.
- الإجراءات المقترحة والضرورية والتي يقترح اتخاذها لعدم تكرار وقوع الخطأ أو المخالفة والتوصيات اللازمة لمعالجة آثارها.
- اثر الخطأ أو الخالفة على تقارير الوحدة المالية وبالتالي على تقرير أو رأي المدقق حسابات.
- طبيعة المخالفة أو الخطأ وسرعة إبلاغ المستوى الإداري المناسب بذلك من الوحدة التي يتم مدقق حساباتتها.

ب. **المسؤولية المهنية في اكتشاف المخالفات النظامية:**

متمثل هذه المخالفات النظامية في نوعين من المخالفات هي:

1. **المخالفات المالية والحسابية:**

وهي المخالفات ذات الطبيعة المالية أو الحسابية ومن أمثلتها ما يلي:

1. مخالفة إجراءات صرف بعض المبالغ أو النفقات وعدم الالتزام بها.
2. تجاوز مبالغ معينة عن الحد المسموح به للصرف في مجال ما.
3. الخطأ في تسجيل المبالغ المعينة زيادة أو نقصا.
4. الخطأ في التوجيه المحاسبي داخل السجلات والدفاتر لبعض العمليات.
5. مخالفة إجراءات مالية خاصة بسيارات الشراء أو البيع أو الإنتاج أو التمويل.
6. مخالفة إجراءات بعض المناقصات أو المزايدات لغرض ما .

2. **المخالفات القانونية للنظام العام للدولة:**

وهي المخالفات التي تتعلق بمختلف القوانين التي تحكم طبيعة العمل في الشركات أو المؤسسات موضوع تدقيق حسابات والتدقيق ومنها ما يلي:

1. مخالفة القانون النظام الداخلي في الشركة.

2. مخالفة اللوائح المنظمة للعمل داخل الشركة.
3. مخالفة بنود عقد تكوين الشركة في بعض النواحي.
4. مخالفة العقود المختلفة بين الشركة وأي اطراف أخرى.
5. مخالفة القانون المنظم للنشاط المعين أو الصناعة المعينة على مستوى القطاع أو الوزارة.
6. مخالفة القانون العام على مستوى الدولة.

ثالثاً: خطاب الارتباط الموجه للعميل:

لزيادة درجة التفاهم والثقة بين المدقق حسابات والمنشأة التي يتم مدقق حساباتتها يمكن إن يقوم المراقب بتوجيه خطاب ارتباط إلى المنشأة باعتبارها احد عملائه قبل إن يبدأ عملية تدقيق حسابات، لتحديد مدى مسؤوليته إمام هذا العميل أي إن خطاب الارتباط هو في حد ذاته قبول المدقق حسابات تكليفه بتدقيق ومدقق حساباتة نشاط العميل، كما إن هذا الخطاب يجب إن يتضمن الإشارة إلى إن المدقق حسابات يبذل العناية المهنية اللازمة في إطار من الالتزام بالقواعد والمبادئ والمعايير المهنية المتعارف عليها.

•

1. أهداف خطاب الارتباط:

يحقق خطاب الارتباط الذي يوجهه المدقق حسابات إلى عملية أهداف متعددة من أهمها ما يلي:

أ. زيادة التفاهم بين المدقق حسابات وعمليه.
ب. حماية حقوق وواجبات جميع الإطراف ذات العلاقة بتدقيق حسابات بما فيهم المدقق حسابات.
ج. دعم وتعزيز مختلف الاتفاقات يبين المدقق حسابات وإدارة المنشأة.
د. إحاطة الأقسام والإدارات والجهات التي يتم مدقق حساباتتها بالمسؤوليات المهنية التي سيلتزم بها المدقق حسابات.
ه. الاكتشاف المبكر عن الأسباب التي قد تؤدي إلى سوء تفاهم بين المدقق حسابات وإدارة المنشأ وبالتالي إمكانية معالجة هذه الأسباب، قبل إن تتفاقم.

2. مضمون ومحتويات خطاب الارتباط:

تعلب خبرة وحكمة وفطنة المدقق حسابات دورا هام في تحديد محتويات وشكل خطاب الارتباط الموجه إلى العميل، ومن أهم ما يمكن إن يتضمنه هذا الخطاب من عناصر ما يلي:

أ.   تحديد أهداف تدقيق حسابات والتدقيق.

ب.   تحديد المجالات التي سيغطيها المدقق حسابات أثناء تنفيذ برنامج عمله.

ج.   أي تحفظات قد يراها المدقق حسابات بالنسبة لعملية تدقيق حسابات.

د.   تذكير الإدارة بقواعد تدقيق حسابات الشاملة من خلال تحديد:

1.   مسؤولية الإدارة عن صحة وكفاية التقارير المالية.

2.   مسؤولية كل فرد في مساعدة المدقق حسابات والتعاون معه بغرض انجاز مهمة تدقيق حسابات.

ه.   تحديد مسؤولية المدقق حسابات المهنية في مجال كشف الأخطاء والمخالفات.

التأكيد على حق المدقق حسابات في الاطلاع على كافة المستندات والسجلات والدفاتر المتخصصة.

و.   تحديد نوعية التقارير وطبعة الخدمات التي يمكن إن يقدمها المدقق حسابات العملية مع الإشارة إلى أي خدمات سبق إن قدمها من قبل.

ز.   تحديد أتعاب المدقق حسابات وطريقة سداد العميل لها.

ح.   تحديد أنواع (الرأي) أو التقرير المتوقع إن يقدمه المدقق حسابات.

ونستطيع القول إن خطاب الارتباط هو بمثابة عقد بين المدقق حسابات والعميل بتضمن شروط العمل والعناصر المختلفة المرتبطة به، وعادة يوجهه مثل هذا الخطاب في ظل ظروف معينة مثل تغيير إدارة الشركة أو تغيير جذري في طبيعة نشاطها أو حجم أعمالها أو خلق سوء تفاهم بين الطرفين.

رابعاً: الاستفادة من جهود وخبرة المدقق حساباتين الآخرين:

قد يتولى المدقق حسابات عمله بعد مدقق حساباتة آخر سبق أو قد يتولى عمليه تدقيق حسابات كعضو ضمن فريق يتكون من أكثر من مدقق حسابات، وفي مثل هذه الحالات عليه إن يستفيد دون حساسية من خبرة وجهود المدقق حساباتين السابقين أو المشتركين معه في نفس العمل منعا لتكرار العمل وتجنبا لازدواجيته، ولا يعفى ذلك المدقق حسابات من مسؤوليته المهنية ولا يعني ذلك أيضا تقليل مستوى أداء عملية تدقيق حسابات.

وهنا يجب التفرقة بين المدقق حسابات الرئيسي أو الأساسي والمدقق حسابات الفرعي أو المساعد على النحو التالي:

أ.   المدقق حسابات الرئيسي أو الأساسي:

يتمثل في المدقق حسابات الذي تم التعاقد معه لتدقيق ومدقق حساباته حسابات الشركة أو المنشأة وهو المسئول المهني الرئيسي في هذا المجال سواء كان مدقق حساباتا فردا أو أكثر من مدقق حسابات (فريق مدقق حساباتة) أو مؤسسة مدقق حساباتة (مكتب مدقق حساباتة) حسب ظروف وأحوال المنشأة وطبيعة ملكيتها وأنشطتها.

ب.   المدقق حسابات الفرعي أو المساعد:

هو مدقق حسابات مهني أيضا يستعين به المدقق حسابات الرئيسي في إنجاز جوانب معينة في عملية تدقيق حسابات يؤديها تحت إشرافه المباشر، ويعتبر مجهوده مكملا لعمل ومجهود المدقق حسابات الرئيسي، وقد يتم الاستعانة بهذا المدقق حسابات المساعد بالتكليف المباشر من المدقق حسابات الرئيسي أو عن طريق الجهة موضوع تدقيق حسابات بناء على مشروة ورأي المدقق حسابات الرئيسي.

ج.   الحالات التي يتم الاستعانة فيها بجهود مدقق حسابات فرعي أو مساعد:

أ.   حالات تدقيق حسابات الشاملة التي تتضمن تدقيق حسابات المالية ومدقق حساباتة الكفاءة ومدقق حساباتة الفعالية فقد يحتاج المدقق حسابات

الرئيسي إلى مساعدة مدقق حسابات مهني آخر في أي مجال من هذه المجالات تحت إشرافه.

ب. في حالات الشركات التي لها فروع قد يستعين المدقق حسابات الرئيسي إلى جهود مدقق حسابات آخر يتولى مدقق حساباتة حسابات فرع أو أكثر من الفروع.

ج. حالات الشركات القابضة والتابعة حيث قد يكلف المدقق حسابات الرئيسي احد المدقق حساباتين المساعدين لمدقق حساباتة وتدقيق الشركة التابعة وإعطاء الرأي المهني الخاص بذلك.

د. قيام الشركة التي يتم مدقق حساباتتها بتكليف احد المدقق حساباتين للقيام بفحص وتدقيق بعض الأعمال التابعة للمدقق حسابات الرئيسي ولكنها موجودة في أماكن بعيدة أو نائية وكلنها تدخل في نطاق نشاط هذا المدقق الفرعي.

ه. قيام الشركة بناء على توصية المدقق حسابات الرئيسي بتكليف مدقق حسابات فرعي للقيام بفحص وتدقيق عمليات للشركة في بلد أجنبي.

وفي جميع هذه الحالات على المدقق حسابات الرئيسي التأكد من إن المدقق حسابات المساعد أو الفرعي يلتزم بقواعد ومعايير ويمتلك مجمعة من أوراق العمل المتكاملة.

د. **إجراءات العناية المهنية اللازمة للاستفادة من جهود المدقق حساباتين الآخرين:**

تتضمن هذه الإجراءات ما يلي:

أ. يتطلب الأمر اخذ موافقة إدارة المنشأ أو الشركة على تيسير الاتصال مع المدقق حسابات المساعد.

ب. حصول المدقق حسابات الرئيسي على المعلومات الكافية بالدرجة التي تقنعه بكفاءة المدقق حسابات المساعد أو الفرعي عن طريق الاتصال المباشر بهذا المدقق حسابات أو الاستفسار عن سمعته وإعماله من خلال عملائه.

ج. ينبغي على المدقق حسابات الرئيسي تبادل المعلومات المناسبة مع المدقق حسابات الفرعي في نطاق عملية تدقيق حسابات.

د. على المدقق حسابات الرئيسي وحتى يعتمد على المدقق حسابات الفرعي القيام بما يلي:

1. فحص ومدقق حساباته تقرير المدقق حسابات الفرعي بما يتضمنه من رأي مهني.
2. فحص ومدقق حساباته أوراق عمل هذا المرجع الفرعي.
3. مناقشة المدقق حسابات الفرعي في أي ملاحظات أو إجراءات يرى ضرورة الاتفاق عليها معا.

النتيجة:

بعد هذه الإجراءات السابقة يقرر المدقق حسابات الرئيسي مدى إمكانية الاعتماد على المدقق حسابات الفرعي ويتخذ احد القرارات التالية:

في الحالة الأولى: يتخذ قرار الاستفادة من جهود ورأي المدقق حسابات الفرعي وعدم الإشارة في تقريره إلى الاعتماد عليه وبذلك يتحمل المدقق حسابات الرئيسي كامل المسؤولية المهنية.

في الحالة الثانية: يتخذ قرار الاستفادة من جهود المدقق حسابات الفرعي مع الإشارة في تقريره إلى الاعتماد عليه وبذلك تكون المسؤولية مشتركة بين المدقق حساباتين وهنا يتطلب من المدقق حسابات الرئيسي التأكد من إلتزام المدقق حسابات الفرعي لكافة قواعد ومعايير تدقيق حسابات والتدقيق.

في الحالة الثالثة: يتخذ قرار الاستفادة بالكامل من جهود المدقق حسابات الفرعي مع قيام المدقق حسابات الرئيسي باتخاذ بعض الإجراءات الإضافية اللازمة وبذلك تقع المسؤولية على المدقق حسابات الفرعي ولكن من خلال المدقق حسابات الرئيسي وذلك عن الأعمال التي يتولى المدقق حسابات الفرعي مدقق حساباتها وتدقيقها.

في الحالة الرابعة: يتخذ القرار بعدم الاستفادة من جهود ورأي المدقق حسابات المساعد أو الفرعي وفي هذه الحالة عليه إن يوضح الأسباب التي دعته إلى ذلك في أوراق عمله.

٥. محتويات أوراق عمل المدقق حسابات الرئيسي بالنسبة لجهود المدقق حسابات الفرعي:

على المدقق حسابات الرئيسي عندما يقرر الاستعانة بجهود مدقق حسابات مساعد فرعي إن يتضمن أوراق عمله ما يلي:

1. اسم المدقق حسابات الفرعي أو المساعد وعنوانه بعد أخذ الموافقة على ذلك.
2. نسبة الأعمال التي يتولى المدقق حسابات المساعد أو الفرعي مدقق حساباتها بالنسبة لحجم أعمال الشركة ومنسوبة إلى ما يقوم به المدقق حسابات الرئيسي.
3. النتيجة التي توصل إليها المدقق حسابات الرئيسي من وراء الاستفادة من المدقق حسابات الفرعي.
4. تطبيقه الإجراءات ونوع الفحوصات التي قام بها المدقق حسابات الرئيسي.
5. النتائج والملاحظات التي توصل إليها المدقق حسابات المساعد أو الفرعي.

وفي النهاية على المدقق حسابات الرئيسي عدم الإشارة إلى ما يقوم به المدقق حسابات الفرعي في تقريره في حالات معينة منها:

1. حالة عدم الاستفادة أصلا من جهود المدقق حسابات الفرعي.
2. قلة اهتمام نسبة الأعمال التي يتولى المدقق حسابات الفرعي مدقق حساباتتها.
3. حالة ما إذا كان المدقق حسابات الفرعي شريكا أو تابعا أو مرتبطا بالمدقق حسابات الرئيسي.

المجموعة الثانية: قواعد عامة لمؤسسات ومكاتب وأجهزة تدقيق حسابات فقط:

تتضمن هذه المجموعة القواعد العامة التي تطبق على مؤسسات ومكاتب تدقيق حسابات فقط، الأربعة الأولى لجميع مؤسسات ومكاتب تدقيق حسابات الخاصة أو الحكومية، والخامسة الأخيرة تخص مكاتب تدقيق حسابات الخاصة غير الحكومية.

وقبل إن عرض لهذه القواعد الخاصة بمكاتب ومؤسسات وأجهزة تدقيق حسابات والتي تتناول إجراءات تعيين واستخدام المدقق حساباتين والتي يترتب عليها إجراءات الترقية والتطوير ومن ثم إجراءات الإشراف والمراقبة، يجدر الإشارة إلى وجوب مراعاة النواحي التالية أولا:

1. تحديد المسؤوليات والصلاحيات والإجراءات المتعلقة بالقواعد العامة بما يتناسب مع الواجبات المهنية اللازمة للمدقق حساباتة.

2. التوجيه السليم لمختلف المدقق حساباتين في مجال نشاط تدقيق حسابات من خلال وضع برنامج مدقق حساباتة يحقق هذا الهدف.

3. وضع نظام متابعة ومراقبة مستمرة لأداء المرجعيين ووضع الضوابط اللازمة لأي أعمال مدقق حساباتة روتينية يومية.

4. إعادة النظر في إجراءات تدقيق حسابات والتدقيق بشكل دوري لتأكد من استمرارية فعاليتها في مجال تحقيق أهدافها.

وجدير بالذكر إن هذه القواعد العامة والتي تخص مكاتب تدقيق حسابات الخاصة وأجهزة تدقيق حسابات الحكومية تمثل مجموعة من السياسات والإجراءات العامة في المجالات المختلفة، ومن حق أي مكتب أو مؤسسة مدقق حساباتة إن تأخذ بالقواعد الهامة بالنسبة لها والتي تلاءم حجمها وحجم أعمالها، يعني ذلك اختيار ما تراه مناسبا للأخذ بها من هذه القواعد.

ونعرض فيما يلي لأهم السياسات والإجراءات التي تتضمنها هذه القواعد:

القاعدة الأولى: تعيين مدقق حساباتين والاستفادة من خبراتهم:

تقتضي هذه القاعدة ضرورة الأخذ في الاعتبار سياسات وإجراءات خاصة بتعيين المدقق حساباتين من ذوي المؤهلات المناسبة والخبرات المهنية الملائحة لإنجاز عملية تدقيق حسابات بكفاءة عالية.

ومن أهم السياسات والإجراءات المرتبطة بهذه القاعدة والتي من حق مؤسسة أو مكتب تدقيق حسابات اختيار وإتباع الملائم منها لظروفها ما يلي:

1. تفويض مسئولية تعيين المدقق حساباتين لبعض الموظفين من ذوي الخبرة في هذا المجال.
2. تحديد مستوى المؤهل الدراسي والعلمي المطلوب للمدقق حساباتين المبتدئين.
3. تحديد وسائل تجميع المعلومات الشخصية لكل مدقق حسابات مبتدئ لاختيار المناسب منهم.
4. تحديد أسس الترقية في مؤسسة تدقيق حسابات والخبرات العملية والمؤهلات العملية اللازمة لذلك.

5. تحديد القواعد المهنية اللازمة للمدقق حساباتة، وإحاطة المدقق حسابات الجديد بكافة أهداف مؤسسة أو مكتب تدقيق حسابات وأسلوب العمل بها مع تعهده بضرورة الالتزام بها.
6. تحديد السياسات الخاصة بتعيين الأقارب في مؤسسة تدقيق حسابات أو لدى العميل.
7. وضع برنامج محدد يتضمن كافة سياسات وإجراءات الاستفادة الكاملة من خبرات المدقق حساباتين داخل مؤسسة تدقيق حسابات ومن أمثلة هذه السياسات والإجراءات ما يلي:

أ. تحديد أسماء المدقق حساباتين واهتماماتهم واختصاصاتهم.

ب. توزيع المدقق حساباتين على كافة المستويات الإدارية بالمؤسسة بما يتفق واختصاصات كل منهم.

ج. تشجيع المدقق حساباتين المبتدئين على الاستفادة من المدقق حساباتين القدامى بمؤسسة تدقيق حسابات دون حرج ولزيادة خبراتهم وكفائتهم.

د. توفير أساليب البحث والتدريب داخل المؤسسة لزيادة كفاءة وفاعلية المدقق حساباتين وخاصة المبتدئين منهم.

ه. تحديد ظروف والأحوال التي تطلب عقد اجتماع داخلي في مؤسسة تدقيق حسابات لمناقشة الموضوعات التي تخص برنامج العمل.

و. تحديد الأمور التي تحتاج إلى رأي ومشورة بعض الخبراء أو المتخصصين في المجالات المختلفة من خارج مؤسسة تدقيق حسابات مع تحديد أسماء هؤلاء الخبراء كل في مجال تخصصه وتحد علاقة كل منهم بالعميل الذي تتم مدقق حساباتة أنشطته وإعماله ومدى تأثير هذه العلاقة على درجة استقلال كل منهم أو حياده موضوعيته.

ز. أخذ موافقة الشركة أو المنشأة التي يتم مدقق حساباتها على الاستعانة بالخبراء والمستشارين من المتخصصين من خارج مؤسسة تدقيق حسابات.

ح. تحديد طبيعة الموضوعات التي تتطلب استشارة خبير أو متخصص والهدف المطلوب منه ومحتويات التقرير الذي يقدمه.

القاعدة الثانية: تقسيم العمل بين المدقق حساباتين ومتابعتهم والإشراف عليهم:

تتضمن هذه القاعدة مجموعة من الإجراءات والسياسات اللازمة لزيادة فاعلية استخدام المدقق حساباتين في مجال الأداء المهني للمهنة ومتابعة هذا الأداء لتحقيق الأهداف المهنية عن طريق بذل مستوى ملائم من العناية المهنية.

وفيما يلي بعض الأمثلة لهذه السياسات والإجراءات في مجال تقسيم العمل بين المدقق حساباتين ومتابعتهم، ومن حق مؤسسة أو مكتب تدقيق حسابات الأخذ بالمناسب من هذه السياسات والإجراءات بما يتفق مع إمكانياتها ومدى حاجاتها لها:

1. إعداد خطة ملائمة لاحتياجات مؤسسة تدقيق حسابات توضح العدد اللازم للقيام بكافة الأنشطة اللازمة لمختلف المنشآت والشركات التي سيتم مدقق حساباتتها.
2. توزيع المؤهلات المهنية المتوفرة على مهام تدقيق حسابات والتدقيق مع تخصيص عدد اللازم أو الملائم لهذه المهام.
3. وضع إجراءات لتقييم خبرات المدقق حساباتين قبل توزيع مهام تدقيق حسابات عليهم، للتأكد من مدى كفاية هذه الخبرات اللازمة لهذه المهام.
4. تعين مسئول يتولى التنظيم والإشراف على أعضاء فريق تدقيق حسابات.
5. التحقق من توافر الخبرات والمؤهلات اللازمة وبالعدد الملائم.
6. وضع خطة لتغيير ونقل المدقق حساباتين التابعين لمكتب أو مؤسسة تدقيق حسابات بين الشركات أو المؤسسات المطلوب مدقق حساباتة وتدقيق أعمالها كل فترة زمنية مناسبة.
7. التأكيد من حسن اختيار المدقق حساباتين لأوراق العمل اللازمة من حيث الشكل والمضمون لدعم دليل تدقيق حسابات والتدقيق المناسب، وكذلك مدقق حساباتة هذه الأوراق بشكل دوري من قبل المدقق حساباتين من ذوي الكفاءات في مؤسسة تدقيق حسابات.

8. تحديد نماذج لتسجيل الأنشطة التي يتم تنفيذها في تدقيق حسابات خلال الفترة.
9. التأكيد على ضرورة ملائمة برامج التدقيق وتدقيق حسابات لنظم الرقابة الداخلية في المنشأة التي يتم تدقيقها ومدقق حساباتها.
10. توفير المعلومات الهامة للمدقق حساباتين عن نتائج تدقيق حسابات التي تمت في السنوات السابقة.
11. التأكيد على ضرورة تقديم التقارير المالية للمدقق حساباتة قبل إعلانها أو تقديمها لأية جهة أو جهاز حكومي.
12. تحديد الإجراءات اللازمة لحل المشاكل الناتجة من اختلاف وجهات النظر بين المدقق حساباتين من ناحية وبينهم وبين المنشأة التي يتم تدقيقها ومدقق حساباتها من ناحية أخرى، وتحديد طبيعة الحاجة لأي استشارات من أي جهة لحل أي مشاكل أو للفصل في أي نزاعات تظهر في هذا المجال.

القاعدة الثالثة: التدريب والتطوير المهني وأسس الترقية:

من الأمر الهامة حرص مؤسسة أو مكتب تدقيق حسابات على العناية والاهتمام بكفاءة وفاعلية المدقق حساباتين المهنيين وضرورة العناية بتنمية قدراتهم وتدريبهم للقيام بالمهام المهنية لهم، ويتم ذلك من خلال مجموعة من السياسات والإجراءات الملائمة في هذا المجال، والتي من حق مؤسسة أو مكتب تدقيق حسابات

اختيار المناسب منها وفقا لإمكانياتها ومدى حاجتها إلى مثل هذه السياسات والإجراءات.

ومن أهم هذه السياسات والإجراءات ما يلي:

1. تحديد فترة تأهيل للمدقق حساباتين المبتدئين ليتعرفوا على أسلوب العمل داخل المؤسسة أو مكتب تدقيق حسابات وما هي الأهداف المطلوب تحقيقها والتعرف على السياسات المحددة لأداء الأعمال والمهام.
2. إن تكون بداية المدقق حسابات الجديدة أو المبتدئ لممارسة المهنة بعد فترة التأهيل تحت إشراف مدقق حسابات قديم من ذوي الخبرة داخل المؤسسة أو المكتب.
3. مساعدة مدقق حساباتي المؤسسة أو المكتب وتشجيعهم على حضور الندوات أو المؤتمرات أو حلقات المناقشة في مجال مهنة تدقيق حسابات في الجامعات ومراكز البحث والشركات الكبرى للإستفادة من الأبحاث والأوراق المطروحة فيها.
4. الإلمام بكافة القواعد والمعايير المهنية المستحدثة والصادرة عن الهيئات العلمية الدولية تطبيقها والالتزام بها.

5. عقد لقاءات دورية داخل مؤسسة أو مكتب تدقيق حسابات لمناقشة طرق وأساليب تطوير وتحديث أسلوب العمل في محاولة لرفع كفاءته وزيادة فاعليته في تحقيق الأهداف الموضوعة من قبل.

6. توزيع وتقسيم الأعمال التالية على المدققين والمدقق حساباتين والموظفين العاملين في مؤسسة أو مكتب تدقيق حسابات والخاصة بنوعية المعلومات المختلفة منها:

أ. معلومات عن الجهات الخاضعة للمدقق حساباتة بصفتهم عملاء.

ب. معلومات عن أي مقالات أو نشرات متخصصة في مجال المهنة.

ج. أي قواعد وتعليمات أو معايير صادرة عن أي هيئات علمية أو عملية متخصصة على مستوى العالم أو على مستوى الدولة.

د. أي مقالات أو كتب أو نشرات متخصصة ترد إلى المؤسسة.

7. حث المدقق حساباتين في المؤسسة أو المكتب وبصفة خاصة القدامى منهم على مساعدة وتدريب مرؤوسيهم من المدقق حساباتين الجدد أو الموظفين الإداريين وتشجيعهم على تطوير مستوى أدائهم.

8. وضع دليل خاص يحتوي على أسس الترقية وتحديد المؤهلات والشروط اللازمة لذلك بالنسبة لجميع العاملين في المؤسسة أو المكتب، وكذلك

تحديد أسس منح الحوافز والمكافآت والحالات المختلفة التي توجب ذلك، ومن أهم السياسات والإجراءات اللازمة للترقية ما يلي:

أ.   توصيف وتعريف الوظائف المختلفة في المؤسسة أو المكتب وتحديد المؤهلات والخبرات المناسبة لكل منها.

ب.   تحديد وتوصيف المعايير والأسس التي سيتم أخذها في الاعتبار عند الترقية ومنها:

1. المعرفة المهنية للمدقق حسابات.
2. فطنة وحكمة المدقق حسابات.
3. المقدرة على التعبير السليم كتابة ومحادثة.
4. القدرة على الإقناع.
5. قدرات المدقق حسابات القيادية.
6. القدرة على كسب ثقة الآخرين والتعاون معهم.
7. اشتراك المدقق حسابات في الجمعيات العلمية والمهنية الدولية والوطنية.
8. المؤهلات العلمية التي يحصل عليها المدقق حسابات بعد العمل في المؤسسة (دبلومات/ماجستير/ دكتوراه) في مجال مهنة.

ج. إعادة النظر بشكل دوري في المعايير والأسس الخاصة بالترقية.

د. تحديد أسباب الترقية أو عدم الترقية وأعلام المدقق حسابات بها في محاولة لتشجيعه وحثه على بذل الجهد وتطوير الأداء المهني.

9. إصدار نشرة مهنية داخلية (في شكل مجلة مثلا) يساهم فيها كافة العاملين في المؤسسة أو المكتب ويمكن اشتراك بعض العملاء من الشركات في إعدادها، وتتضمن هذه النشرة موضوعات معنية منها ما يلي:

1. التعريف بالمؤسسة أو المكتب.
2. الجديد في مجال المهنة.
3. أسلوب العمل في المؤسسة المكتب.
4. أسس التعيين أو الترقية في المؤسسة أو المكتب.
5. أهم القضايا المعروضة في مجال المهنة.
6. الندوات أو حلقات المناقشة التي قامت بها المؤسسة أو المكتب أو اشتركت فيها.

إلى غير ذلك من الموضوعات التي تستحق أن تتضمنها هذه النشرة أو المجلة بشكل دوري (شهري، ربع سنوي، سنوي).

القاعدة الرابعة: التقييم الدوري لنظام وأسلوب العمل:

يحتاج أي عمل إلى نوع خاص من التخطيط السليم الذي يساعد على تحقيق الأهداف الموضوعة من خلال تطبيق سليم لكافة السياسات والإجراءات اللازمة للتنفيذ، والعمل داخل مؤسسات ومكاتب تدقيق حسابات يحتاج أيضا إلى تخطيط سليم لضمان سلامة تطبيق السياسات والإجراءات اللازمة للممارسة المهنة.

ولا شك إن وضع هذه السياسات والإجراءات لا يكفي لتحقيق الأهداف الموجودة دون وجود برنامج لتقيم مدى كفاءة تنفيذ هذه السياسات ومدى الالتزام بها على إن هذا التقييم بصورة دورية.

ويحقق برنامج التقييم الدوري لنظام وأسلوب العمل، العديد من النتائج والمزايا منها ما يلي:

1. التحقق من مدى كفاية وسلامة سياسات وإجراءات التدقيق المتبعة.
2. التحقق من مدى الالتزام بهذه السياسات والإجراءات.
3. التحقق من مدى كفاءة هذه السياسات والإجراءات ومدى فاعليتها في تحقيق أهداف مؤسسة أو مكتب تدقيق حسابات.
4. اقتراح سياسات وإجراءات جديدة ومطلوبة.

ويمكن إن يتولى عملية التقييم هذه فريقا متخصصا في ذلك من بين العاملين في مؤسسة تدقيق حسابات أو عن طريق مكاتب أو مؤسسات أو أجهزة متخصصة ومستقلة من خارج المؤسسة، أو عن طريق فرع آخر من فروع مؤسسة أو مكتب تدقيق حسابات.

وتتضمن هذه القاعدة مجموعة من السياسات والإجراءات الملائمة لعملية التقييم ولمؤسسة تدقيق حسابات اختيار الملائم لظروفها وإمكانياتها ومن أهم هذه السياسات والإجراءات ما يلي:

- وضع برامج خاصة بالمؤسسة تحتوي على طرق وإجراءات تقييم عناصر الكفاءة والفاعلية من خلال تقييم السياسات والإجراءات الخاصة بها.

- تخصيص مجموعة من الخبراء والتخصصين في مجال التقييم والمؤهلين تأهيلا ملائما لذلك.

- فحص كل السياسات والإجراءات لتحديد نقاط القوة والضعف فيها لمناقشتها واتخاذ ما يلزم بالنسبة لكل حالة.

- مناقشة الجهات التي يتم مدقق حساباتها وتدقيقها في نتائج التقييم واخذ رأيها في أية ملاحظات يتم اكتشافها.

- وضع التوصيات الملائمة لمعالجة نقاط الضعف المكتشفة في محاولة لعدم تكرارها.

• متابعة تنفيذ التوصيات المقترحة والمقبولة من الإدارة.

القاعدة الخامسة: اختيار العملاء (خاصة بمؤسسات ومكاتب تدقيق حسابات الخاصة)

إن اختيار العملاء من الجهات والشركات لمدقق حساباتها وتدقيقها من حقوق مؤسسات ومكاتب تدقيق حسابات الخاصة، ولا تدخل هذه القاعدة ضمن حقوق أجهزة الرقابة وتدقيق حسابات الحكومية.

فالجهاز المركزي للمحاسبات في مصر أو ديوان المحاسبة اللبناني أو ديوان المراقبة العامة السعودي، نظرا لان هذه الأجهزة ملزمة بحكم قانون تكوينها بمدقق حساباتة وتدقيق أعمال المؤسسات والمصالح والشركات المملوكة لدولة أو التي تساهم فيها الدولة بنسبة ما بصورة دورية ولا مال هنا لاختيار العملاء.

وتتضمن هذه القاعدة بعض السياسات والإجراءات اللازمة في مجال اختيار العملاء من الجهات والشركات المختلفة والتي يمكن لمؤسسة أو مكتب تدقيق حسابات اختيار المناسب منها وفقا لظروفها وإمكانياتها، ومن أهم هذه الإجراءات أو السياسات ما يلي:

1. الاستعانة ببعض المتخصصين من الخبراء للمساعدة في حسن اختيار العملاء بما يناسب ظروف وأسلوب عمل مؤسسة أو مكتب تدقيق حسابات الخاص.

2. الاستفسار عن سمعة الجهة أو الشركة التي سيتم مدقق حساباتها أو تدقيقها عن طريق الإطراف الذين تعاملوا معها مثل:

أ. العملاء والموردين الذين يتعاملون معها.

ب. البنوك التي تتعامل معها هذه الجهة.

ج. رجال الأعمال الذي يتعاملون مع هذه الجهة.

د. بعض الأجهزة الحكومية كالجمارك والضرائب.

3. معرفة أسباب عدم استمرار المدقق حسابات السابق في مدقق حساباتة وتدقيق أعمال الجهة وطبيعة هذه الأسباب.

4. تقييم مدى التزام هذه الجهة المطلوب مدقق حساباتة أعمالها بقواعد المحاسبة وتدقيق حسابات المتعارف عليها.

5. مدقق حساباتة بعض التقارير المالية لبعض السنوات السابقة وتقييمها قبل اتخاذ القرار بقبول العميل.

6. تقييم السياسات والإجراءات الخاصة بمدقق حساباتة وتدقيق العملاء والتأكيد من تحقيقها للأهداف المرجوة قبل اتخاذ قرار الاستمرار في العمل معهم أم لا.

7. تحديد الأسباب التي تدعو إلى عدم قبول بعض العملاء أو تحول دون الاستمرار معم.

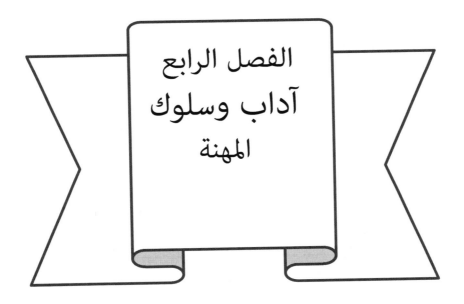

الفصل الرابع
آداب وسلوك
المهنة

آداب وسلوك المهنة

إن أي تجمع مهني يقوم بتقديم خدماته إلى المجتمع،لابد أن يجوز على ثقة من يخدمهم إذا أراد النجاح والتطور.

كما يجب أن يؤكد أعضاء أي تجمع مهني بأنهم اهل للثقة مـن قبـل المجتمـع وذلك مـن خلال سلوكياتهم ونوعية الخدمات التي يقدمونها.

ونظراً لأن التجمع المهني يتالف من عدد كبير من الأعضاء المهنيين والذين تتفاوت قدراتهم العملية ومؤهلاتهم العلمية، فإن ثقة المجتمع بهم وبخدماتهم تكون غير متينة اذا ما غابت المعايير والأسس التي تحكم المهنة.

وهذه المعايير والأسس تتمثل في آداب وسلوك المهنة، أو كما يطلق عليها أخلاق المهنة والتي تحدد الواجبات والمسئوليات المهنية والتي يجب أن يلتزم بها أعضاؤها.

ومدقق الحسابات ، كمهنة، لا تستثنى من ذلك. فمعظم مجتمعات مدقق الحسابات ين في كثير من الدول تضع دستورا لها يبين سلوك وآداب مهنة المراجهة،واذي يشار اليه أحيانا بقانون شرف المهنة.

وفي هذا الفصل سنحاول تسليط الضوء على آداب وسلوك مهنة مدقق الحسابات السائدة في كثير من الدول، ونود أن نشير الى أن ما يحتوية هذا الفصل ليس قانونا لشرف المهنة،وانما هو تجميع لعناصر وأسس مهمة لا يخلو منها أي قانون خاص بمهنة مدقق الحسابات وآدابها.

وأهم العناصر أو الاسس التي تتعرض لها قوانين شرف المهنة هي ما يلي:

1. مفهوم الاستقلالية والأمانة والموضوعية.
2. مفاهيم فنية وعامة.
3. مفهوم مسئولية مدقق الحسابات تجله العملاء.
4. مفهوم مسئولية مدقق الحسابات تجاه زملائه أعضاء المهنة.
5. مفاهيم مختلفة تحكم المسئوليات والتصرفات الأخرى للمدقق الحسابات.

مفهوم الاستقلالية والأمانة الموضوعية:

تعتبر استقلالية مدقق الحسابات الحجر الأساسي لبناء شخصية مدقق الحسابات، حيث نجد أن معايير مدقق الحسابات المقبولة والمتعارف عليها تؤكد بأن مدقق الحسابات يجب أن يكون مستقلا في شخصيته وتفكيره في كل ما يتعلق بعملية مدقق الحسابات.

والاستقلالية هي إمكانية مدقق الحسابات بالقيام بعملة بأمانة وموضوعية، بحيث أنه لا يقوم باخفاء الحقائق أو باعطاء بيانات ومعلومات غير ممثلة للواقع، كما انه لا ينجر وراء أهواء ادارة الشركة وعمل ما تمليه عليه.

بل يجب أن يكون مستقلا عن الادارة ومحايدا في أحكامه، وأن يكون هدفه الأساسي من عملية مدقق الحسابات هو أعطاء رأي فني محايد حول مدىعدالة القوائم المالية وتمثيلها للمركز المالي ونتائج أعمال الشركة تحت مدقق الحسابات.

وهناك بعض الممارسات التى أشارت اليها قوانين شرف المهنة والتي من شأنها أن تعمل على فقد أو انقاص لاستقلالية مدقق الحسابات ، ومن بين هذه الممارسات على سبيل المتال الا الحصر مايلي:

1. الحصول،أو الوعد بالحصول،على منفعة أو مصلحة مالية من قبل الشركة سواء بطريق مباشر أو غير مباشر.
2. كون مدقق الحسابات شريكا في عمل اشتثماري مع الشركة أو أحد كبار مديريها أو عضو في مجلس ادارتها أو أحد كبار مساهيميها،وكان هذا العمل الاستثماري ذو أهمية نسبية كبيرة مقارنة بصافي أصول مكتبه.

3. كون مدقق الحسابات وصيا أو منفذا لوصية خاصة بممتلكات الشركة، وكنتيجة لذلك يتحصل أو لدية الوعد بالحصول، على منفعة مالية بطريقة مباشرة أو غير مباشرة.

4. أذا حصل مدقق الحسابات على قرض مالي من الشركة أو أحد مديريها أو عضو في مجلس ادارتها أو أحد كبار مساهيميها.

وهذا لا ينطبق على الحصول مدقق الحسابات على القرض مالي من شركة مالية – مصرف مثلاً – إذا كانت كيفية الحصول على هذا القرض قد تمت طبقا للاجراءات والشروط المتبعة والتي تطبق على المقترضين الآخرين . مثال ذلك حصول مدقق الحسابات على قرض بناء من مصرف عقاري يقوم بمدقق الحساباتة حساباته.

5. إذا كانت له علاقة وثيقة بالشركة،كأن يكون أحد المؤسسين أو وكيل أو وسيط تمويل لها أو لأي عضو في مجلس ادارتها، لأو كانت له أي علاقة أخرى تجعله يتصرف وكأنه أحد موظفي الشركة.

6. إذا كانت له صلة قرابة قوية بأحد مؤسسي الشركة أو أحد مديريها أو أحد كبار مساهيميها.

ففي الحالات السابق ذكرها لا يحق للمدقق الحسابات ابداء رأيه على القوائم المالية الخاصة بالشركة، أي أن خلال فترة مدقق الحسابات يجب ألا تكون هذه العلاقات قائمة.

واذا اكتشف مدقق الحسابات وجود أي من العلاقات أو الممارسات السابق ذكرها بعد بداية عمله فعلية التخلص منها أو الانسحاب من عملية مدقق الحسابات.

قد يتساءل البعض عن مدى استقلالية مدقق الحسابات في الاحوال التى يقوم فيها مدقق الحسابات بتقديم خدمات غير خدمات مدقق الحسابات ، مثال ذلك تقديمة لخدمات استشارة ادارية في أمور تتعلق بتصميم النظم وبالرقابة الداخلية.

في هذه الاحوال لا يعتبر مدقق الحسابات ناقص الاستقلالية إذا لم يشارك أو يتدخل في صنع القرارات الادارية واعتبار خدماته استشارية فقط ، فمدقق الحسابات ليس موظفا تابعا للشركة والقرار النهائي يقع ضمن مسئولية الادارة.

كما أن هناك بعض مكاتب مدقق الحسابات التي تقوم بالأعمال المحاسبية لعملائها، وهذا أيضاً، قد يكون مثارا للشك في استقلالية مدقق الحسابات، حيث لا

يعقل أن يقوم مدقق الحسابات بإعداد الحسابات ومن ثم القوائم المالية ثم مدقق الحساباتتها.

ولكن اذا كان عمل مدقق الحسابات فيما يخص الأعمال المحاسبية محصورا في عملية القيد والترحيل والترصيد ومن ثم اعداد القوائم المالية، فهو يكون محافظا على استقلالية شريطة أن تكون مستندات القيد الاولية قد أعدت من قبل ادارة الشركة وأن مدقق الحسابات "كمحاسب" لا يملك تغيير أي بيانات واردة بهذه المستندات.

كما أنه على مدقق الحسابات أن يعلم الإدارة بأن ما تحوية القوائم المالية هو من مسئوليتها.

وعادة يقوم مدقق الحسابات بهذا العمل المحاسبي في حالة عدم توفر جهاز مالي خاص بالشركة - الشركات الصغيرة - أو في حالة النقص الفجائي في عدد موظفي القسم المالي بالشركة.

ويجب أن يؤخذ في الاعتبار أن مهمة اعداد الحسابات والقوائم المالية لا تعفي مدقق الحسابات من بذل العناية المهنية المعقولة عند تنفيذه لعملية مدقق الحسابات لهذه الشركة.

وفي حالات أخرى قد يقوم مدقق الحسابات بنصح عمليه فيما يتعلق بالشئون الضريبية واعداد الاقرارات وكذلك بتمثيلة أمام السلطات الضريبية والمحاكم.

وهذه الخدمات لا تعتبر ضمن أعماله كمدقق الحسابات وانما كمستشار مالي أو وكيل لعملية أمام الجهات المعنية، وبذلك فهي لا تؤثر في استقلاليته كمدقق الحسابات.

مفاهيم فنية وعامة:

تحتوي جل قوانين شرف المهنة على العديد من المفاهيم العامة والقدرات الفنية والعملية للمدقق الحسابات من بينها ما يلي:

أ.   الكفاءة المهنية: يجب على مدقق الحسابات عدم قبوله القيام بعملية مدقق الحساباتة معينة اذا رأى أنه لا يملك الكفاءة والقدرة لتنفيذ عملية مدقق الحسابات بكفاءة مهنية معقولة.

فإذا عرض على مدقق الحسابات مدقق الحسابات شركة تستخدم الانظمة الالكترونية في نظامها المالي، وكان مدقق الحسابات لا يملك الخبرة العلمية

والعملية لمدقق الحسابات مثل هذه الانظمة، فعلية أن يعتذر عن أداء خدماته لهذه الشركة.

وإذا كان على علم بأن زميلاً له يمتلك الخبرة الكافية لمدقق الحسابات الأنظمة الالكترونية فعليه أن يشير على الشركة بامكانية الاستعانة بخدمات ذلك الزميل، ان عدم تأدية العمل على خير وجه نتيجة عدم المام مدقق الحسابات بتنفيذ عملية مدقق الحساباتة معينة لا يسيء له فقط بل يسيء إلى المهنة بأجمعها.

ب.   بذل العناية المهنية: يجب على مدقق الحسابات بذل العناية المهنية الكافية عند تنفيذه لعملية مدقق الحسابات واعداد للتقرير وأجراء لجميع الاختبارات الضرورية.

وبذلك العناية المهنية يتمثل في التزام مدقق الحسابات بمعايير مدقق الحسابات المقبولة والمتعارف عليها، كالتخطيط لعملية مدقق الحسابات والاشراف على مساعدية، اختبارة للادلة والبراهين المتحصل عليها، اعداده لاوراق عمل مدقق الحسابات ، تقييمه للقوائم المالية، واعداده لتقريره الذي يحتوي على رأيه الفني المحايد.

6.   التخطيط والاشراف: ان التخطيط السليم والاشراف الدقيق على المساعدين يعتبر من العوامل الاساسية لاتمام عملية مدقق الحسابات على

اكمل وجه، والتخطيط السليم لا يتأتى الا بمعرفة مدقق الحسابات للعمل المطلوب والإلمام الكامل بطبيعة نشاط وعمليات الشركة تحت مدقق الحسابات، وذلك بالدراسة الميدانية للشركة وتجميعة للمعلومات والبيانات وملاحظتة لسير العمل.

كما أنه يجب على مدقق الحسابات وضع برنامج مدقق الحسابات على ضوء تقييمه لنظام الرقابة الداخلية المطبقة، وتقسيم العمل والاختصاصات على مساعدية ومتابعتهم والاشراف عليهم.

7. الادلة والبراهين الكافية: أن الادلة والبراهين التي يجمعها مدقق الحسابات أثناء عملية مدقق الحسابات هي الأساس الذي يعتمد عليه مدقق الحسابات لإبداء رأيه حول عدالة القوائم المالية. لذلك يجب على مدقق الحسابات تجميع الأدلة والبراهين الكافية التى تمكنه من ابداء رأيه.
8. التنبؤ: قد تقوم بعض الشركات ببيان معلومات تنبيئة أو أحداث متوقعة في فترات مستقبلية ضمن تقاريرها المالية، وعادة ما تكون في شكل معلومات اضافية ملحقة بالقوائم المالية. وهذه المعلومات قد تكون توقعات خاصة بزيادة المبيعات، زيادة ربحية الشركة، زيادة الانتاج أو أي معلومات متوقعة أخرى خلال فترات قادمة.

وموقف مدقق الحسابات من هذه التنبوءات أو التوقعات هو أنه لا يجب أن يقرن اسمه أو توقيعة بها. والسبب في ذلك أن مستخدم القوائم المالية قد يستنتج أن هذه المعلومات مؤكدة الحدوث، وبالتالي يبني عليها قراره. ويستحسن في حالة وجود ملحقات للقوائم المالية تحتوي على تنبوءات أو توقعات مستقبلية أو يقوم مدقق الحسابات بالإشارة إلى ما يفيد أنها غير خاضعة للمدقق الحساباتة، كعبارة "غير مدقق الحساباتة" أو "غير مصدق عليها ".

مسؤولية مدقق الحسابات تجاه العملاء:

أ. معلومات خاصة بالعميل: عادة ما يضع العميل ثقته الكاملة بأمانة وموضوعية ونزاهة مدقق الحسابات، وفي المقبل يجب على مدقق الحسابات مبادلته نفس الشعور، مع مراعاة مستخدمي القوائم المالية في المقام الأول، وأثناء عملية مدقق الحسابات غالبا ما يصادف مدقق الحسابات العديد من المعلومات السرية والخاصة بالعميل والتي لا يرغب هذا الأخير بأن يطلع عليها غيره، ومسئولية مدقق الحسابات الأدبية هي المحافظة على هذه السرية بما لا يتعارض مع مبدأ الإفصاح الكامل للمعلومات والبيانات، فإنشاء المعلومات من قبل مدقق الحسابات لا يسيء إليه فقط بل الى المهنة ككل، ولذلك يجب على مدقق الحسابات عدم إعطاء أي معلومات خاصة

بالعميل إلا بعد اخذ الموافقة مسبقة منه، ولكن هناك بعض الحالات التي لا يحتاج مدقق الحسابات لموافقة العميل مثل ذلك:

أ. مساءلة مدقق الحسابات قانونيا، ففي هذه الحالة على مدقق الحسابات تقديم أي معلومات أو بيانات للمحكمة دون موافقة العميل.

ب. مساءلة مدقق الحسابات من قبل نقابة مدققو الحسابات في حالة مجالس التحقيق والتأديب لمدقق الحسابات.

ج. تقييم عمل مدقق الحسابات من قبل لدجنة مراقبة الأداء لمدققو الحسابات، وهذه اللجنة مهمتها الاطلاع على أوراق عمل مدقق الحسابات لمعرفة إتباعه من عدمه لمعايير تدقيق الحسابات المقبلة والمتعارف عليها.

في حالة انتهاء ارتباط مدقق الحسابات بعميل ما لأي سبب كان، فلا يجب على مدقق الحسابات - إطلاع المدقق الحسابات الجديد - الذي حل محله على أوراق عمل تدقيق الحسابات لذلك العميل إلا بعد موافقته، فرغم إن أوراق عمل تدقيق الحسابات هي من ضمن ممتلكات مدقق الحسابات غير انه لا يجب إطلاع احد عليها أو البوح بأي معلومات واردة بها إلا بعد حصوله على موافقة صاحب الشأن.

ب. الأتعاب الشرطية: خدمات تدقيق الحسابات يجب ألا تقدم بمقتضى اتفاق مفاده إن مدقق الحسابات لا يستحق أتعابه إلا بناء على نتائج عملية تدقيق الحسابات المرغوبة فمن قبل العميل، كأن يتفق العميل مع مدقق الحسابات على إن تدفع له أتعابه كنسبة من صافي الدخل المحقق، أما في حالة كون نتيجة الأعمال خسارة فإن مدقق الحسابات لا يستحق أتعابه.

مسئولية مدقق الحسابات اتجاه زملائه:

إن التعاون والعلاقات الطيبة والاحترام المتبادل بين زملاء المهنة تعتبر من الأسس الهامة التي تبنى عليها مهنة تدقيق الحسابات، كما أنها تزيد من ثقة المجتمع بها، ولذلك فمعظم القوانين التي تنظم مهنة تدقيق الحسابات تنص بين مواردها على أهمية هذا المفهوم وتبين قواعد الحفاظ عليه، من بينها ما يلي:

1. عدم لجوء مدقق الحسابات إلى التأثير على موظفي زميل له وذلك بإغرائهم بالالتحاق بمكتبه وترك عملهم القديم.

2. عدم لجوء مدقق الحسابات -بطريقة مباشرة أو غير مباشرة - الى الحصول على عمل يقوم به زميله وذلك بعرضه أتعاب مدقق الحساباتة اقل.

3. عدم لجوء مدقق الحسابات الى منافسة زميل له في الحصول على عملية مدقق الحساباتة بأي طريقة من الطرق.

4. في حالة تعيين مدقق الحسابات محل زميل له، فعلى مدقق الحسابات الجديد الاتصال بزميله وإخطاره بذلك ومعرفة أسباب عزله والتي قد تؤدي الى عدم قبول مدقق الحسابات الجديد بالارتباط مع الشركة المعنية.

5. وجوب التعاون وتبادل الآراء بين أعضاء المهنة، ومناقشة المشاكل العملية التي تواجههم أثناء تأدية خدماتهم وإيجاد الحلول لها.

6. يجب على مدقق الحسابات القديم إعطاء أي معلومات أو بيانات للمدقق الحسابات الذي حل محله، وإطلاعه على أوراق عمل تدقيق الحسابات وذلك بعد أخذ موافقة عميله، وهذا من شأنه إن يؤدي الى تسهيل مهمة مدقق الحسابات الجديد أي أداء عمله على أكمل وجه وبكفاءة عالية.

مفاهيم مختلفة تحكم مسؤولية مدقق الحسابات وتصرفاته:

هناك بعض المفاهيم الأخرى والتي لا تندرج تحت ما سبق ذكره، وقد أوردتها قوانين شرف المهنة تأكيدا لزيادة الثقة بالمهنة واحترامها، ومن بين هذه المفاهيم ما يلي:

أ‌. الدعاية والإعلان عن خدمات تدقيق الحسابات، تتفق معظم قواني شرف المهنة على انه يحذر على مدقق الحسابات الإعلان والدعاية عن خدماته بطريقة خاطئة أو مضللة أو خادعة.

ويقصد بالإعلان والدعاية هو حصول المجتمع على معلومات تتعلق بخدمات تدقيق الحسابات وبأولئك الذين يقدمون هذه الخدمات، ولأحكام الرقابة على الإعلان والدعاية عن خدمات مدققو الحسابات، اشترطت اغلب قوانين شرف المهنة على إن تكون صحيحة وغير مضللة وغير خادعة، وان تكون بأسلوب دعائي عادي وغير مغالي فيه، ومن المعومات التي يمكن تضمينها في الإعلان أو التعريف خدمات مدقق الحسابات ما يلي:

1. اسم مكتب تدقيق الحسابات وعنوانه وأرقام الهواتف وساعات عمل المكتب.
2. نوع الخدمات التي تقوم بالإضافة الى أعمال تدقيق الحسابات المعتادة.
3. بيان الأتعاب والأسس المتبعة في تقديرها لبعض الخدمات المعينة.
4. بيان المؤهلات العلمية للشركاء بالمكتب، كالشهادات المتحصل عليها، والجامعات الدراسيين بها، و كذلك الهيئات والمنظمات العلمية التي يتمتعون بعضويتها.

وغيرها من المعلومات والبيانات الأخرى شريطة إن تكون صحيحة.

ووسائل توصيل هذه المعلومات للغير يمكن إن تكون على النحو التالي:

1. لافتة المكتب: على إن تكون في شكل عادي، وبعض قوانين شرف المهنة تقوم بتحديد أبعاد أو حجم اللافتة.

2. البطاقة الخاصة.

3. دليل الهاتف: على إن يذكر اسم المكتب وعنوان بالإضافة الى رقم الهاتف على ألا تكون في شكل ملفت للنظر يقصد من وراءه الدعاية المغالي فيها مثل ما هو متبع في الشركات التجارية.

ويرى العض إن خير وسلة للإعلان والتعريف بمدقق الحسابات وخدماته التي يقدمها هي مساهمته في الحلقات العلمية والمحاضرات العامة وكتابته للمقالات في مجال تخصصه بالمجلات العلمية.

وهناك بعض المعلومات والبيانات التي يحذر على مدقق الحسابات استخدامها في الإعلان والدعاية عن خدماته من بينها ما يلي:

1. الوعود بإعطاء رأي نظيف دون تحفظات.

2. أي بيانات أو معلومات تتضمن قدرة مدقق الحسابات على التأثير على جهات رسمية مثل الضرائب والمحاكم وغيرها من الجهات الرسمية.

3. استخدام اسم وصفي لمكتبه مثل ذلك "المحاسبون المتحدون" "مكتب الخبرة للمدقق الحساباتة" "المكتب الممتاز لأعمال تدقيق الحسابات" وغير ذلك من الأسماء الوصفية الدعائية، والمتعارف عليه إن يكون اسم المكتب يحتوي على

اسم احد الشركاء أو بعضهم، وقد يستخدم اسم احد الشركاء المتقاعدين أو المتوفين لمدة معينة تحددها قوانين تنظيم المهنة.

4. الإعلان عن تخصصات المكتب في بعض الخدمات والتي لا يملها أي من الشركاء المؤهل أو الخبر فيها، كأن يعلنوا بأنه خبراء في مدقق الحساباتة شركات التأمين أو شركات النفط وغيرها، وفي الوقت الذي لا يوجد ما يثبت ذلك.

ب. العمولات: معظم قوانين شرف المهنة لا تجيز للمدقق الحسابات دفع عمولات لأشخاص نظير الحصول على عملاء لمدقق الحساباتة حساباتهم، والسبب في ذلك إنه إذا علم العميل بهذه العمولة فقد يشك في قدرة مدقق الحسابات العلمية والعملية ويستنج إن الشخص الذي دله على مدقق الحسابات كان هدفه الحصول على عمولة فقط وليس هدف المقدرة الفنية للمدقق الحسابات.

كما لا يجوز للمدقق الحسابات الحصول على عمولة من الغير نظير التوسط لدى عميله لصالح الغير، مثلا ذلك حصول مدقق الحسابات على عملة من شركة ما نظير عقدها صفقه مع عمليه.

ج. الأعمال المتعارضة: لا يجوز للمدقق الحسابات القيام بأي عمل أو تقديم أي خدمة تتعارض مع مهنته كمدقق الحسابات، أي إن مدقق الحسابات يستطيع بأي عمل وتقديم أي خدمة طالما إن ذلك لا يتعارض وكونه مدقق الحسابات، وكمثال على ذلك، إذا كان مكتب لتدقيق الحساباتيستخدم محامي كمستشار قانوني للمكتب، فلا يجوز لهذا المكتب تقديم الخدمات القانونية سواء لعملائه أو غيرهم، مثل ما هو الحال عليه عند استخدام محامي لمحاسب كموظف بالمكتب، فلا يحق لهذا المكتب تقديم الخدمات المالية لعملائه، اللهم إلا إعداد الإقرارات الضريبية وذلك لكون هذه الخدم تقدم من قبل مدققو الحسابات والمحامين على السواء.

وكقاعدة عامة، لا يجوز للمدقق الحسابات مزاولة أي عمل تجاري أو مالي أو أي عمل آخر من شأنه إن يؤثر في موضوعية خدمات تدقيق الحسابات ونزاهة مدقق الحسابات ومن ثم ينقص من ثقة الآخرين به وبالمهنة ككل.

حقوق وواجبات مدقق الحسابات:

تنص أغلب القوانين الخاصة بمهنة تدقيق الحسابات على الحقوق التي يتمتع بها مدقق الحسابات، وكذلك الواجبات التي يجب عليه الالتزام بها، وفي

بقية هذا الفصل سنتكلم على هذه الحقوق والواجبات وبعض الموضوعات الأخرى والتي تخص مدقق الحسابات.

حقوق مدقق الحسابات:

يتمتع مدقق الحسابات بعدة حقوق نذكر منها على سبيل المثال ما يلي:

• حق الاطلاع على جميع دفاتر وسجلات ومستندات الشركة تحت تدقيق الحسابات في أي وقت، ولقد جرى العرف بأن يقوم مدقق الحسابات بإبلاغ الشركة قبل حضوره للبدء في عمله، ولكن في بعض الأحيان قد يرى مدقق الحسابات ضرورة الحضور المفاجئ في أي وقت للاطلاع على سير العمل وللتحقق من بعض البنود، مثال ذلك الجرد المفاجئ للنقدية والأوراق المالية وكذلك الجرد المفاجئ لمخزون البضاعة، وخاصة إذا كان لديه شك في احتمال وجود تلاعب أو غش أو تزوير من قبل موظفي القسم المالي أو أمين المخازن.

كما انه له الحق في الاطلاع على جميع الدفاتر والسجلات سواء كانت مالية أو إحصائية أو إدارية، وكذلك الاطلاع على جميع المستندات، وتشمل المستندات القيد الأولية وجميع المراسلات الواردة والصادرة و أي مستندات أخرى يرى ضرورتها.

- حق طلب جميع البيانات والمعلومات والإيضاحات التي يرى ضرورتها لتنفيذ عملية تدقيق الحسابات، ولا شك إن هذا الحق متمم لحق الاطلاع على الدفاتر والسجلات والمستندات، حيث قد يحتاج مدقق الحسابات إلى إيضاحات أو تفسيرات من قبل المديرين أو الموظفين حول ما ورد بالدفاتر والسجلات والمستندات، والجدير بالذكر إن ليس للإدارة الحق في منع أي إيضاحات أو بيانات يطلبها مدقق الحسابات بحجة أنها غير ضرورية، حيث إن هذا التقدير متروك لحكم مدقق الحسابات، فهو الذي يحدد ضرورة أو عدم ضرورة الشيء.

- حق تحقيق موجودات الشركة والتزاماتها، لا شك إن الغرض من عملية تدقيق الحسابات هو إعطاء رأي فني محايد على مدى عدالة القوائم المالية، وللوصول الى ذلك يجب إن يقوم مدقق الحسابات بجميع الإجراءات التي يستطيع من خلالها تحقيق الموجودات والالتزامات بالشركة تحت تدقيق الحسابات، ولذلك على إدارة الشركة تسهيل هذه المهمة للمدقق الحسابات وتمكينه من عمليات التحقق المختلفة.

- حق الحصول على صور من جميع المراسلات والبيانات التي ترسلها الإدارة للمساهمين لدعوتهم لحضور اجتماع الجمعية العمومية، كما له حق

حضور اجتماعات الجمعية العمومية والإدلاء برأيه فيما يخص النواحي المالية والإجابة على أي استفسارات حول تقريره المرفق بالقوائم المالية.

● حق مناقشة اقتراح عزل أمام الجمعية العمومية.

واجبات مدقق الحسابات:

يلتزم مدقق الحسابات بعدة واجبات نذكر منها:

1. ضرورة التزام مدقق الحسابات بمعايير تدقيق الحسابات المقبولة والمتعارف عليها عند تنفيذ لعملية تدقيق الحسابات، حيث إن هذه المعايير تمثل الإطار العام لعملية تدقيق الحسابات والتي يجب إن تتبع بحذافيرها، وأي مخالفة لهذه المعايير قد تضع مدقق الحسابات في موقع المساءلة القانونية من قبل الغير أو المساءلة المهنية من قبل أعضاء المهنة، وعلى مدقق الحسابات إن يتضمن أوراق عمل تدقيق الحسابات بالأدلة والبراهين الدالة على إتباعه وتمسكه بهذه المعايير.

2. ضرورة تقديم مدقق الحسابات لتقرير مكتوب يبين فيه رأيه حول عدالة القوائم المالية ومدى تمثيلها للمركز المالي ونتائج الأعمال للشركة تحت تدقيق الحسابات، كما يجب إن يكون التقرير مشتملا على جميع مكوناته.

3. ضرورة حضور الاجتماع السنوي للجمعية العمومية والرد على أي استفسارات للمساهمين حول ما ورد في تقريره وفي القوائم المالية وملحقاتها.
4. ضرورة التزام مدقق الحسابات بقواعد قانون شرف المهنة وآدابها وسلوكها في كل ما يتعلق بعملية مدقق الحسابات.

تعيين مدقق الحسابات:

تنص عقود تأسيس شركات المساهمة وشركات الأشخاص بين موادها على وجوب الاستعانة بمدقق الحسابات قانوني في مدقق الحساباتة قوائمها المالية، أما بالنسبة للشركات الفردية فلا يوجد مثل هذا الإلزام، لعد وجود عقد تأسيس ولكن قد تجد نفسها هي الأخرى مجبرة بطريقة أو أخرى بضرورة الاستعانة بخدمات مدقق الحسابات القانوني، كأن تلزمها بعض الجهات الرسمية بذلك أو أي جهة أخرى كالمصارف في حالة تقدمها للاقتراض منها.

وعموما هناك ضرورة الاستعانة بمدقق الحسابات خارجي في الشركات بغض النظر على شكلها القانوني، ولكن السؤال الذي يطرح نفسه هو من له حق تعيين مدقق الحسابات؟

في الشركات الفردية يقوم صاحب المشروع بتعيين مدقق الحسابات القانونين، وفي شركات الأشخاص فأمر تعيينه يكون باتفاق الشركاء، أما في

الشركات المساهمة فإن سلطة تعيين مدقق الحسابات تكون من اختصاص الجمعية العمومية للمساهمين، من ذلك نلاحظ إن حق تعيين مدقق الحسابات يكون في يد من سيوجه إليهم التقرير، وفي الشركات المساهمة فقد تفوض الجمعية العمومية سلطة تعيين مدقق الحسابات الى مجلس الإدارة أو الإدارة العليا للشركة، غير انه في هذه الحالة قد تكون استقلالية مدقق الحسابات في موضع تساؤل وقد يشعر مدقق الحسابات بأنه مدين للإدارة لأنها السبب في الاستعانة به، وخاصة إن عمل مدقق الحسابات هو إبداء الرأي حول القائم المالية المعدة من قبل الإدارة، ولهذا لا يجب تفويض سلطة تعيين مدقق الحسابات الى مجلس الإدارة أو الإدارة العليا إلا في أضيق الحدود وذلك حفاظا على استقلالية وحياد مدقق الحسابات.

تحديد الأتعاب:

من البديهي إن تكون مسألة تحديد الأتعاب من اختصاص من قام بالتعيين، وعادة تم عملية تحديد الأتعاب بالاتفاق بين مدقق الحسابات ومن كلفه بتدقيق الحسابات. ويجب إن تذكر الأتعاب في عقد مكتوب موقع في قبل مدقق الحسابات والعميل، على إن تذكر أيضا في هذا العقد الخدمات المطلوبة والمدة الزمنية التي يغطيها العقد، ونود إن نشير الى إن تحديد الأتعاب في الشركات المساهمة لا يجب إن تفوض الى مجلس الإدارة أو الإدارة العليا بالشركة حتى لا تمارس أية ضغوط على مدقق الحسابات من شأنها إن تنقص من استقلاليته وموضوعيته.

أما بالنسبة لتقدير الأتعاب من قبل مدقق الحسابات، يجب ألا تكون جزافية وغير مدروسة لما لذلك من تأثير ضار على مدقق الحسابات، سواء ماديا أو معنويا، أما لكونها اقل مما يجب أو أكثر مما يجب، وهناك عدة عوامل والتي يجب أخذها في الاعتبار عند تقدير الأتعاب من قبل مدقق الحسابات، ونذكر منها:

1. حجم الشركة وطبيعة نشاطها.

2. نظام الرقابة الداخلية المطبق، فكلما كان نظام الرقابة الداخلية جيدا وكفؤاً كلما أدى الى تضييق مدى الإجراءات التي يقوم بها مدقق الحسابات وبالتالي وقت أقل وتكلفة أقل، والعكس صحيح.

3. استخدام أسلوب العينات الإحصائية في عملية تدقيق الحسابات لما لها من اثر كبير في سرعة انجاز العمل ومن ثم تقليل تكلفة عملية تدقيق الحسابات.

4. درجة المخاطرة من وجهة نظر مدقق الحسابات فكلما زادت درجة المخاطرة كلما أدى ذلك بمدقق الحسابات بأن يقوم بتوسيع نطاق إجراءات تدقيق الحسابات وبالتالي زيادة الوقت المستغرق وارتفاع التكلفة، فمتى كان نظم الرقابة الداخلية ضعيفة أدى ذلك الى ارتفاع درجة المخاطرة والعكس صحيح.

5. درجة الميكنة المستخدمة في النظام المالي وتعقد عمليات الشركة مما يستدعي تخصصات مختلفة لإتمام عملية تدقيق الحسابات وبالتالي الى زيادة تكاليف تدقيق الحسابات.

عزل مدقق الحسابات:

إن عزل مدقق الحسابات يكون في يد من عينه وحدد أتعابه، وقد نصت قوانين شرف المهنة بين مواردها على إجراءات معنية يلزم إتباعها عند عزل مدقق الحسابات، كأن يخطر مدقق الحسابات مقدما وتجتمع الجمعية العمومية، وللمدقق الحسابات الحق في حضور الاجتماع لمناقشة الجمعية العمومية المساهمة قبل اتخاذها لقرار عزله.

وكل هذه الإجراءات وغيرها الهدف منها هو إعطاء فرصة للمدقق الحسابات لتوضيح موقفه للمساهمين، فقد يكون سبب عزله نتيجة لخلافات شخصية مع احد المسؤولين بالإدارة، أو تمسكه بالمحافظة على حقوق المساهمين، وفي حالة عزل مدقق الحسابات قبل انتهاء المدة المنصوص عليها في العقد المبرم مع الشركة، فله الحق في المطالبة قانونيا بتعويض عن فسخ العقد وعن أي أضرار أخرى قد تكون لحقت بسمته كمدقق الحسابات.

مسئولية مدقق الحسابات تجاه العملاء:

1. معلومات خاصة بالعميل: عادة ما يضع العميل ثقتة الكاملة بأمانة وموضوعية ونزاهة مدقق الحسابات ، وفي المقابل يجب على مدقق الحسابات مبادلته نفس الشعور،مع مراعاة مستخدمي القوائم المالية في المقام الاول.وأثناء عملية مدقق الحسابات غالبا ما يصادف مدقق الحسابات العديد من المعلومات السرية والخاصة بالعميل والتي لا يرغب هذا الأخير بأن يطلع عليها الغير. ومسئولية مدقق الحسابات الأدبية هي المحافظة على هذه السرية بما لا يتعارض مع مبدأ الافصاح الكامل للمعلومات والبيانات، فافشاء المعلومات من قبل مدقق الحسابات لا يسيء إليه فقط بل الى المهنة ككل. ولذلك يجب على مدقق الحسابات عدم إعطاء أي معلومات خاصة بالعميل الا بعد أخذ موافقة مسبقة منه. ولكن هناك بعض الحالات التي لا يحتاج مدقق الحسابات لموافقة العميل مثل ذلك.

أ. مساءلة مدقق الحسابات قانونيا، ففي هذه الحالة على مدقق الحسابات تقديم أي معلومات أو بيانات للمحكمة دون موافقة العميل.

ب. مساءلة مدقق الحسابات من قبل نقابة مدقق الحسابات ين في حالة مجالس التحقيق والتأديب للمدقق الحسابات.

ج. تقييم عمل مدقق الحسابات من قبل لجنة مراقبة الأداء للمدقق الحساباتيين، وهذه اللجنة مهمتها الاطلاع على الاوراق عمل مدقق الحسابات لمعرفة إتباعه من عدمه لمعايير مدقق الحسابات المقبولة والمتعارف عليها.

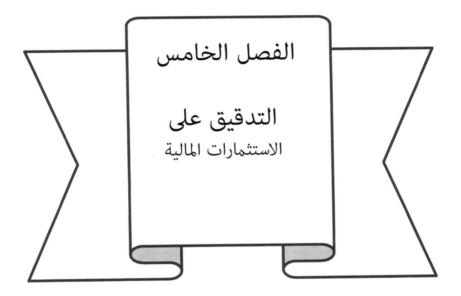

الفصل الخامس

التدقيق على
الاستثمارات المالية

التدقيق على الاستثمارات المالية

إن الحاجة إلى استثمار في تطوير نظم المحاسبة وتقنيات التشغيل، والإجراءات.إضافة إلى الحاجة إلى تطوير التقنية، قد تمت دراستها بالتفصيل في الفصول السابقة. بينما قد تبدو الحاجة إلى بعضها بديهية، فإنه من الملائم تلخيص بعض الحجج، حتى يمكن الاتجاهات التطوير، ومحتوى التطويرات المطلوبة، والسبل التي يمكن بها مواصلة التطوير أن توضع في المنظور الصحيح.

هذ الحكومات بحاجة إلى إقناعها بالحاجة إلى استثمار في تطوير انظمتها المحاسبية؟ وعلى الرغم من ان الجهود المتفرقة لبعض الدول، تشير إلى أن الحكومات مقتنعة بقيمة ذلك الاستثمار، وقد وضعت خطط مفصلة لذلك الغرض، إلا أن حكومات أخرى لم تبذل فيها جهود، أو بذلك فيها جهوداص قليلة. يشير الدور الخاص بالمساعدة الفنية المقدمة من الجهات المانحة والوكالات الدولية إلى أن الإصلاح الفعلي قادم، إلا أنه في الواقع فإن الموقف حافل بذكريات رواية دكنز "قصة مدينتين Tale of Two Cities" وهذا هو الوقت الأفضل لتلك الحكومات، التي تسعى إلى معايير هادفة لتقوية أنظمتها. إذ إن ما حققته حتى الآن يمثل حافة نظام المحاسبة. بالنسبة للدول الأخرى، يعتبر ذلك اسوا الأوقات، لأن جهود تقوية المحاسبة، التي حققت نتائج ضئيلة، لا تزال متعقثرة. والسؤال بالنسبة لهذه الدول

هو: كيف يمكن الحفاظ على استمرارية الجهد، إذ ثبت أنه مكلف ولم يحقق النتائج المرجوة منه؟

إن الرأي السائد حتى الآن هو أن الحكومات يجب أن تقتنع بالحاجة إلى تطوير في هذا المجال وأن تركز جهودها بعد ذلك على جهد آخر جديد، ومرد الاستعجال (العجلة) يرجع لما يلي:

الدولة التي توجه أموالها نحو الرعاية:

لقد تحولت الحكومات عامة من حالة الدولة التي توجه أموالها نحو المجهود الحربي إلى حالة الدولة التي توجه اموالها نحو الرعاية. فالنوع الأول من الحكومات الذي سيطر على الساحة في القرنين السابع عشر والثامن عشر في إنجلترا قد تغير وأصبحت تلك الدولة أكبر دولة مؤثرة في المجال الاقتصادي وقد ساهم هذا التحول المدهش أيضاً في التوسع في عدد من الناسخين وماسكي السجلات. وقد دفعت الحروب المستمرة إلى حث الحكومات على زيادة أموالها من خلال الضرائب، وأهم من ذلك زيادتها من خلال الاقتراض من الجمهور. فإذا كانت الحروب قد خلفت طبقة جديدة من المستثمرين والمقاولين، فإن تمويل الحروب دفعت ظهور طبقة جديدة من أصحاب المصلحة المالية مع استثمارات

متنامية في السندات والضمانات الحكومية، وقد خلق أصحاب المصالح هؤلاء بدورهم طلباً على المعلومات الأكثر تفصيلاً ودقة عن أعمال الحكومات.

وكانت الحصيلة الحتمية الثانوية لهذه الأحداث هي الزيادة الكبيرة في السجلات والوثائق المالية وفي الوقت المناسب النمو في المحاسبة الحكومية. ومع أن الموظفين المسئولين عن المحاسبة ينظر لهم نظرة دنيا (نظرة احتقار) من جانب طبقة ملاك الأراضي، فقد ارتفعت مكانتهم باطراد. أدى التغير في تركيبة النفقات عبر القرون (وحديثاً نمو الأموال ومزايا الاستحقاقات والرعاية) إلى خلق علاقة جديدة بين الدولة وعملائها وغيرها إلى دولة ترتكز على الرعاية المالية. وهذه العلاقات الجديدة لها مضامين هامة للمساءلة المالية وبالتالي للمحاسبة.

المصداقية المالية Fiscal Credibility:

نظراً لانتقال تمويل الميزانية نحو مزيد من الاعتماد على الاقتراض المحلي والخارجي فقط اضطرت الحكومات إلى تأسيس مصداقية في سياساتها الاقتصادية الكلية خاصة سياساتها المالية. ففي معظم الدول نجد السياسة المالية في قلب التعديل الاقتصادي ويمكن ان تكون ناجحة فقط عندما تبرز مصداقيتها. وتصبح عمليات الحكومة أكثر كلفة. والمصداقية بدورها ينبغي تأصيلها في الميزانيات والحسابات الدورية المنشورة وتعتمد استجابة الجمهور المستثمر على إمكانية

الاعتماد على المعلومات المالية المقدمة من الحكومات، وفي ذلك الإطار يجب أن تستند الحسابات إلى معايير معترف بها إن الالتزام الدقيق بهذه المعايير هو الذي يعطي العمليات المالية الحكومية المصداقية وفي المقابل فإن هذه المعايير لها عدة مضامين للحسابات الحكومية.

الإصلاح المالي Fiscal Rectitude:

لا يوجد مقدار كافٍ من المصداقية المالية يمكن أن يؤدي بنفسه إلى التوازن الاقتصادي. وعلى الحكومات أن تواجه المشكلات القائمة. على سبيل المثال يمكن لهذه الحكومات أن تواجه المشكلات القائمة وعلى سبيل المثال يمكن لهذه الحكومات ان تواجه زيادة النفقات من خلال تدابير سياسية ودعم الجهود الصادقة للحد من التكاليف والإجراء الأخير راسخ الجذور في نظام المحاسبة الحكومية والاعتبار الهام هو مدى مواجهة المحاسبة الحكومية لقياس وحصر التكلفة وفي هذا المجال فإن ما تم إنجازه يزيد من أهمية ما ينبغي عمله فيما بعد وتعطي حالات التقدم النظرية والعملية الأخيرة في قياس التكاليف في القطاع الخاص، الملل في ملاءمتها للمؤسسات العامة. وبالمثال فإن الحكومات يجب عليها أن تحفظ السجلات التي ستنبهها إلى حجم الالتزامات المستقبلية القصيرة الأجل والطويل الأجل ومضامينها الخاصة بالسياسات المالية ويمكن الحصول على الدقة المالية الداخلية فقط من المحاسبة المطورة. إن جهود إنشاء مجالس للعملة (التي هي معفاة حسب التعريف من تقديم

القروض للحكومات) أو منح البنوك المركزية استقلالية أمكثر حتى لا تكون مجبرة على قبول قيود الاقتراض السهلة التي تراها الحكومة، قد يكون لها أثر مفيد على توجه الحكومات نحو المحاسبة. ومن المرجع أن تبرز نتائج أطول مدة عند النظر إلى المصداقية المالية كمشكلة ينبغي مواجهتها من الداخل عن طريق الموازنة النزيهة والمحاسبة الحكيمة.

المهام المتغيرة وأنماط الرقابة

Changing Tasks and Patterns of Control

إن مهام الحكومة الملاحظة قد تغيرت، وكذا أنماط إدارة الإنفاق داخل الجهات الحكومية. والقضية هي إلى أي مدى تكون المحاسبة قادرة على تعزيز أنماط إدارة الإنفاق. هل (على سبيل المثال) البيانات المحاسبية المقدمة من الجهات المحاسبية كافية للوفاء باحتياجات مديري الإنتاج الحكومي؟ وهي الطرق المحاسبية كافية، لتسهيل تقييم برامج ومشروعات الحكومة المكتملة؟ هل البيانات المحاسبية مفيدة في تمكين الحكومة وصانعي السياسة العامة من اتخاذ القرارات التي بموجبها يتم تحديد الخدمات التي تقدم بواسطة المرافق الداخلية والتي ينبغي أن يتم التعاقد على توفيرها؟ هل النظام المحاسبي يقدم معلومات كافية عن الالتزامات الخفية التي من المرجح أن تساهم في إحداث أزمة مالية خطيرة وغير متوقعة للدولة؟ هل يقدم النظام بيانات خاصة بالأصول المادية للحكومة وبالحاجة

إلى الحفاظ على هذه الأصول؟ هل يركز النظام على القضايا الخاصة بالعدالة بين الأجيال؟ وقد أصبحت هذه القضايا جزءاً لا يتجزأ من طرق الرقابة بالنسبة لمديري الإنفاق. وهذه القضايا وقضايا أخرى لم تظهر بعد تعنى أن مهنة المحاسبة والحكومات يجب أن تنظر لما وراء حسابات التخصيص التقليدية والبيانات الخاصة بالانحراف والإنفاق المقدر بالميزانية والإنفاق الفعلي. وإذا لم يغتنموا هذه الفرصة للاستجابة للتحديات، فإن المحاسبة يرجح أن ينظر إليهاعلى أنها فقط ذات قيمة تاريخية، وأنها أصبحت متقادمة في أسلوبها وعملياتها.

التصلب التنظيمي Organizational Sclerosis:

هناك سؤال آخر وثيق الصلة بهذا وهو ما إذا كانت أنظمة المحاسبة الحكومية ستكون قادرة على تقديم الخدمات في المجالات المحددة لها. ومع أن الصورة متغيرة نوعاً ما، إلا أن إحساس الذين هم خارج الحكومة وداخلها، هو أن الحسابات تعد متأخرة وبها فجوات ومحاذير تقلل الاستفادة فيها بصورة فعلبية ويمكن أن تحدث حالات الفساد لعدة أسباب ولكن عندما تصبح أحداثاً متكررة (روتينية)، فإن ذلك يكون هو وقت معالجتها بنفس الطريقة التي يعالج بها الأطباء المرضى. هل يحاول النظام المحاسبي التعامل مع مهام نهائيات القرن العشرين بأدوات قديمة مضى عليها قرن على الأقل؟ وهل الاستثمار في التقنية يعوض عن الأخطاء البشرية وعن محدودية النظام؟ لنفترض أن التقنية متوفرة، فهل هي مستخدمة الاستخدام

الأقصى في الحكومة؟ وإذا كانت الإجابة بالنفي فكيف يمكن تحقيق زيادة استخدامها؟ أوضحت التجربة في العديد من الدول الصناعية والنامية والاقتصاديات التي تمر بمرحلة التحول أن جهود استغلال التقنية ضعيفة وتفتقر إلى الأفكار المتقدمة والاستراتيجيات المناسبة.

إن هذه القضايا التي تكتسب قوة يوماً بعد يوم تحتاج إلى جهد مركز قبل حصولها على قوة دافعة. ويشتمل الاستثمار في التنمية على منع حدوث المشكلات المحتملة بمواجهتها من خلال تطويرات جماعية ويعترف ذلك الاستثمار بوضح بثلاث خصائص الأولى: أن المحاسبة ظلت في تطور مستمر على مر السنين ولكن هذه المحاولات التي أهملت أو لم تعط المساندة اللازمة، يجب تطويرها الآن في فترة قصيرة. وذلك يعتبر تمريناً في اللحاق بقطار الأحداث بدلاً من الجري أمامه تحسباً للمستقبل. الثانية: أن المحاسبة في الجهات الحكومية لا يمكن الاستمرار فيها أكثر كنشاط مستقل ذي صلات جانبية مع الأنشطة الأخرى التي تساهم مجتمعة في إدارة القطاع العام. وبدلاً من ذلك يجب التعامل معها كمكون هام في البنية الكلية لإدارة الإنفاق العام باعتبارها تتفاعل مع العناصر الأخرى لهذه البيئة. الثالثة: أن هذا التطور ليس ظاهرة قصيرة الأجل ولكن رحلة طويلة وكغيرها من الرحلات الأخرى فهي تتطلب وتحتاج إلى قدرة كبير من الإعداد والتجربة وإعادة

التقييم والمرونة والجهد المتواصل المستمر. إنها عملية طويلة الأجل لبناء جسر يتيح للجيل الحالي وأجيال المستقبل الاستفادة الكاملة من المحاسبة في حياتهم اليومية.

تخطيط التنمية Design of Development:

إن تخطيط التنمية والإجراءات المحددة، التي ينبغي للحكومات دراستها والتي درست بإسهاب في الفصول الخمسة الأولى من هذا الكتاب يمكن إيجازها. وعلى الرغم من المخاطرة الموجودة في تجميع الدول، فإنه من المفيد دراسة تخطيط التنمية فيما يتعلق بالدول الصناعية، والاقتصاديات ذات التخطيط المركزي في السابق والدول النامية. إن المهام المباشرة للدول الصناعية هي صقل الاستخدامات الأخيرة (الميزانيات العمومية على سبيل المثال) والبحث عن استخدامها في مستويات الحكومة الأخرى. ومع هذا الجهد فإن قدرة الإدارة المالية في جهات الإنفاق تحتاج إلى تقوية ودمج مع مضامين البيانات التجارية لإدارة أنشطتها اليومية.

تمت الإشارة إلى جهود متزامنة لاستخدام أنظمة المحاسبة الإدارية وفي الاقتصاديات التي تمر بمرحلة تحول من التخطيط المركزي، فقد تم إيضاح الاهتمام المتصل بتطوير نظام المدفوعات ولتحديد المسئوليات الإدارية لجهات الإنفاق الذي قد تمت الإشارة إليه. ولفترة طويلة فقد عملت الإدارات كأيدي عملية خالصة لوزارة التخطيط مع قليل من الحاجة لتحليل أو تقييم أعمالها، باستثناء

البحث عن مخصصات أعلى في الميزانية لأنشطتها وللمؤسسات العامة تحت إدارتها. ولذلك لا يمكن أن يكون هناك أي تقدم في الإدارة المالية، ما لم – وحتى – يتم معرفة وتعزيز الدور الهام لجهات الإنفاق. وهنا أيضاً توجد حاجة للتركيز على تطوير نظم المحاسبة الإدارية، لأن بدونه لا يوجد أمل يذكر في إحداث تحسن كبير في تمويلاتها العمومية.

إن معايير المحاسبة التي تمت في الماضي على أساس تشويه سياسات التعرفة الجمركية والضريبة تحتاج إلى إصلاح كبير. وتحتاج الدول النامية خاصة إلى تقوية المرافق الأساسية الفنية (استخدام الحاسب الآلي) للإدارة المالية وعلى الرغم من أن الحاسب الآلي في فترة قصيرة، فهناك دول أخرى لا تزال خلف الركب في تحديث تقنيتها. لذا فإن الصورة العامة تبدو مشوشة. فهذه الدول لديها العديد من المهام التي يتعين عليها القيام بها وعلى الحكومات التي تعمل معاً لتطوير سياسات المحاسبية.

إن المكونات الأساسية المحددة للمحاسبة المطورة وتأثيرها المحتمل موضحة في الجدول رقم (1) كما يصف الجدول التأثير الممكن لهذه الإجراءات على محاسبة المسئولية (التي تعتمد في بعض منها على النظام السياسي للبلاد والتقليد التشريعي) وعلى الضوابط الداخلية وتكلفتها وعلى الإدارة المالية الشاملة. يمكن تقسيم الإجراءات الموضحة في الجدول إلى فئتين هما: الإجراءات التي تحتاج إلى

فترة قصيرة لتنفيذها الفئة التي تحتاج إلى وقت أطول وجهد مستمر. وتتضمن الفئة الأولى تحسين نظام المدفوعات وإطار مطور للعلاقات مع النظام المصرفي، ونظام أكثر تطويراً للمعلومات المالية. وتتطلب كل حالة مراقبة أنظمة تطويرات في أنظمة الدفع وإطار أساسي معدل للعلاقات مع النظام المصرفي، والأنظمة القائمة، وتحديد مجالات المشكلة على ضوء الاعتبارات التي تم مناقشتها في الفصول السابقة والقيام بالتطوير. ويجب أن يوضع خفض التكلفة في الاعتبار وكل واحد من هذه المجالات يكون له هدف أو أهداف تمت صياغتها حسب أهداف الجهات المستخدمة وينبغي ملاحظة أن بعض متطلبات المعلومات (مثل إعداد الميزانية العمومية) متطورة من حيث إلى آخر مما أدى إلى تكييف تطبيقات المحاسبة التجارية في القطاع الحكومي وهذه المقاييس لا تتطلب دائماً استثماراً فعلياً إضافياً في الأجهزة وبدلاً من ذلك فإنها تتضمن السعي إلى تحقيق أهداف محددة بصورة أكثر تصميماً واستخدام الآليات الموجودة لخدمة تلك الأهداف.

الجدول رقم (1)

الأثر المحتمل لأنظمة المحاسبة الفعالة

الفئة	مزيد من المساءلة	الضوابط الداخلية	تكاليف الضوابط المخفضة	التأثير على الإدارة المالية الشاملة
تغيير نظام الإنفاق	لا أثر مباشر	يساهم في الإدارة الفعالة للسيولة	ستكون التكاليف أقل بمرور الوقت	مفيد
العلاقات المطورة مع النظام المصرفي	لا أثر مباشر	يوفر ضوابط أكثر فعالية	قد تكون التكاليف على المقدى القصير عالية حيث أن العمليات المالية أكثر شفافية	مفيد

تطبيق أسلوب المحاسبة المالية بما في ذلك المستحقات	يتحسن فهم بيان الأصول والالتزامات وكذلك يتحسن عرض الميزانية	يزيد من الوعي المالي لجهات الإنفاق	تبدو تكاليف التحول هامة على المدى القصير	مفيد
روابط مطورة مع حسابات الدخل الوطني	لا يوجد أثر مباشر	لا يوجد أثر مباشر	لا يوجد أثر، إمكانية ضعيفة لخفض التكلفة	يجب أن يساهم الفهم المطور في تعزيز تحليل الخيارات السياسية وأثرها
محاسبة مساعدة أجنبية مطورة	يطور من المسئولية	يزيد من قدرات الرقابة	لا يوجد أثر مباشر	سيساعد في التطورات الفعلية

قياس التكلفة	يغير طبيعة المسئولية	يوفر قاعدة تتضمن تفاصيل الرقابة	يمكن أن يساعد في تقليل تكاليف الرقابة على المدى المتوسط	يوفر عدة مرتكزات لتخصيص واستخدام الموارد
إدارة الديوان	تؤدي إلى تطوير المسئولية	تساهم في ضوابط أكثر وضوحاً	لا يوجد أثر مباشر	تساهم في بيئة سياسة أسهل
معايير المحاسبة	مفيدة جداً	توفر هيكلاً متطوراً	لا يوجد أثر مباشر	مفيد
أنظمة المعلومات المالية المطورة	مفيدة جداً	مفيدة جداً	لا يوجد أثر مباشر	مفيدة جداً

إن المقاييس الأخرى كتلك المتصلة بتكييف المحاسبة التجارية (التي ينبغي لها في معظم الحالات أن تساهم في الروابط المعززة مع حسابات الدخل الوطني) وتحديد طرق قياس التكلفة وإدارة المسئولية ومعايير المحاسبة، ويرجع لها ان تأخذ وقتاً طويلاً بسبب التجهيز الإدارة اللازم كما أنها قد تتطلب تمويلاً إضافياً للحصول على أجهزة الحاسب الآلي وفي بعض الحالات موافقة السلطة التشريعية وينبغي لصياغة خطط تنفيذ على المدى الطويل أن نضع في اعتبارها بقدر الإمكان بعض حالات التوتر التي لا يمكن تفاديها (التي تنشأ من المواقف المتناقضة الموجودة في أي بيروقراطية).

أولاً: يجب وضع تصميم برنامج الاستثمار، حسب الحاجات المحددة للحكومة ومستوى تطورها الإداري، وأوضحت التجارب أن الحكومة تميل إلى الاعتقاد بأنها يمكن أن تفعل مثل الحكومات الأخرى، لذا فهي تحاول تقليد ما فعله الآخرون، كما أوضحت التجربة أن هذا الأسلوب يمكن أن يكون طريقاً لمزيد من المشكلات في مرحلة متأخرة. ومن جهة النظر المتعارف عليها يوجد شبه كبير في الأنظمة الإدارية الحكومية. معظمها لها أجهزة تشريعية (على الرغم من اختلاف الأدوار التي تلعبها) ومكتب للميزانية، وجهة مسئولة عن المدفوعات، وجهة وكل لها مهام المحاسبة، وبنك مركزي يعمل في معظم الحالات كجهة مالية حكومية. ومعظمها له قدرات مختلفة لتقنية معالجة البيانات الإلكترونية. ولكن في هذا

الإطار الواسع، فإن كل حكومة لها ثقافة إدارية مميزة بها وأسلوب عمل. وفي الحقيقة يمن القول بأن كل حكومة مثل كل فرد لها شخصية ينبغي أخذها في الاعتبار عند صياغة خطة التنفيذ.

ثانياً: إن التركيز الرئيسي للجهة التشريعية والجهات المركزية وجهات الإنفاق يحمتلم أن يكون على إعداد تقارير الميزانية؛ لأنها متطلب قانوني في معظم الحالات، وجزئي في البعض الآخر؛ لأنها تلعب دوراً مركزياً في تمويل أنشطة الجهات، ولذلك الحد الذي تخلتف فيه أسس الموازنة عن مداخل الميزانية العامة في المحاسبة المالية فإن الحكومات تحتاج إلى متابعة ثابتة أو متعددة الأبعاد للنظام المحاسبي.

ثالثاً: إن إدخال النظام المالي الرئيسي، مثل نظام دفتر الأستاذ العام، لابد له أن يتقادم مع الوقت. يجب تعزيز الجهود الهادفة إلى التقنين، بإدراك الحاجات المحددة للجهات الحكومية. وعلى الرغم من أن هذه الجهات لها بعض الخصائص المشتركة في أنظمة عملها، إلا أن كل واحد لها تركيبتها الداخلية الخاصة بها. ولضمان أن النظم المقترح يعكس حاجات كل الجهات، فإن ينبغي للجهات أن تشارك في تصميم النظام من البداية. ويجب تجهيز هذه الجهات، لإدخال النظام الجديد وأي استراتيجية تطور يجب أن تكون مشتركة.

رابعاً: قد تحاول الإدارات المركزية انتهاز الفرصة لإصلاح النظام؛ لاكتساب قوة أكثر لاستعمالها المباشر وليتحقق هذا الاتجاه فإنه يحتاج إلى مقاومة حيث إن التقنية الحديثة مصممة لتسهيل مهام الإدارات المركزية، وليس لرقابة العمليات الخاصة بجهات الصرف باستمرار والإصلاحات المحاسبية يرجى منها، دعم دور جهات الصرف وتأمين سلوك مالي أكثر مسؤولية ومن المهم كبح (المحافظة على) الاتجاه المخفي (الكامن) لمركزية الإدارية العملية بدلاً من تعزيز المركزية.

أخيراً: إن صياغة معايير المحاسبة، ورسم علاقات العمل بين الجهات المركزية وجهات الصرف، قد تؤدي للإفراط في التحديد والوصف والتنظيم، توضح تجربة العديد من الدول الصناعية أن هيئات المحاسبة المستقلة قد تكون طموحة في مجال ما ينبغي القيام به من إصلاحات. وهذا يمكن إبداؤه في الوصف والتنظيم الزائد. ومن الواضح أن مثل هذا التمرين سيكون مساوياً لبذر بذور الخلاف مستقبلاً والجهود غير المثمرة.

دروس ومعضلات (مشاكل) التنفيذ:

Implementation Lessons and Dilemmas

إن الجهود الموجهة للتطويرات في المحاسبة ليست جديدة. وطوال الفترة الماضية ومنذ الستينات جرت (كما هو مذكور سابقاً) محاولات متفرقة قدمت بعض الدروس.

وفيما يلي قائمة قصيرة بهذه الدروس التي أعدت على ضوء التقيمات التي أجرتها السلطات الوطنية والمجموعات المتخصصة والمنظمات الدولية.

* يعتبر الدعم الفعال والمتصل للسلطات السياسية للبلد وبالتحديد وزارات المالية ضرورياً لنجاح الجهود.

* يعتبر الإطار المتكامل الذي يجمع التخطيط وإعداد الموازنة والمحاسبة وإعداد التقارير ضرورياً، حتى يمكن الحصول على برنامج مناسب للتطوير. وتحتاج هذه الاستراتيجية المتكاملة إلى تطوير قبل التنفيذ. وينبغي لهذه الإستراتيجية أن تركز على احتياجات الموارد الداخلية والخارجية والأساس التقني للإصلاحات المقترحة.

* هناك حاجة لإطار قانوني أساسي يحدد المهام ويحدد أدوار كل جهة حكومية.

- يجب وضع إطار فعال لإدارة المشروع.

- يمكن أن يؤدي الاعتماد الكبير على نظام واحد إلى التهاون وفي بعض الحالات الأخرى ـ إلى تدهور الأنظمة الأخرى.

- إذا كان من الممكن جنى (الاستفادة من) فوائد الإصلاح المقترح مبكراً، فإن مزيداً من الالتزام والدعم المادي سوف يصبح متوفراً، ومن الجانب الآخر إذا كان لا يمكن للفوائد التي يمكن معرفتها مبكراً أن تتحقق فإن الطبيعة الداعمة للإصلاح والأنظمة يمكن تحقيقها.

إن هذه الدروس (التي قد يبدو بعضها أنه درس عادي) تخلق أيضاً مصاعب أساسية يجب مواجهتها. والمشكلة الأولى التي ظهرت عند إدخال أي إصلاح للقطاع العام هو كيفية تحديد الأدوار الخاصة بالخدمة المدنية المتخصصة والمستوى السياسي للإدارة.

الدعم السياسي Political Support:

على الرغم من أن فقدان الدعم السياسي في العديد من الدول، يزعم بأنه السبب الرئيسي في خبرة الإصلاح الضعيفة، فإن من المعترف به أيضاً أن المحاسبة كنظام تعتبر بعيدة عن جذب السياسيين وفي الحقيقة فإن بعض وزراء المالية يدعون بأنهم لا يشعرون بالارتياح في دعم أو مساندة مشروع القانون في الهيئة

التشريعية، لأن بعض الإصلاحات المقترحة مليئة جداً بالمصطلحات الفنية. وينبغي تقييم الاهتمام الرئيسي للوزراء حسب المزايا التي يجلبها لأعمال الحكومة وللجمهور. وفي غياب أي جهد لتحقيق هذه المزايا فإن جهود الإصلاح ينظر إليها بسخرية، إما باعتبارها تجربة للسياسة البيروقراطية أو باعتبارها محاولة للالتزام باقتراحات المانحين.

إن توفر الدعم السياسي مرهون بفوائد الإصلاح، ولذلك فإنه من المفيد دراسة أنواع مختلفة من مادة (جوهر) الإصلاح.

الإصلاح المتكامل أو الإصلاح المحدد Integrated or Specific Reform:

هناك مشكلة ثانية وثيقة الصلة بالإصلاح، وهي ما إذا كان الإصلاح ينبغي أن يأخذ أسلوباً متكاملاً أو أن يكون محدداً. ويقترح مؤيدو الأسلوب المتكامل أن جميع عناصر الإدارة المالية الحكومية مرتبطة ببعضها البعض ارتباطاً وثيقاً، بحيث لا يمكن تناول كل واحد بمعزل عن الآخر. فعلى سبيل المثال، نجد أن تعديلات التصنيف المحاسبي لا يمكن تصورها إلا عند ربطها بالميزانية والقوانين المتعلقة باعتمادها لدى السلطة التشريعية وهذه الروابط معترف بها وبعض الإجراءات يجب أخذها على أساس أنها مترادفة كما ان بعض المخاطر تصاحب الأسلوب المتكامل بما في ذلك أنه يمكن أن يخلق بعض الاحتمالات غير الواقعية، وفي حالة

تراكم المزايا في الأخير، فإن الأسلوب المتكامل يمكن تصنيفه على انه زائد الطموح ويغطس تحت وزنه. وتشير الخبرة الحالية للعديد من الدول الصناعية (باستثناء استراليا ونيوزلندا) إلى أن كل مجال من مجالات المحاسبة يحتاج إلى ان تدرس بانفراد، وأن التعديلات ينبغي أن تتم مع الاعتبار التام لما تتضمنه المجالات الأخرى. وحتى الآن نجد أن استخدام تقنية الحاسب الآلي وجهود إدخال تغيير في حساب تكلفة النشاط وتطويرات بينة المعلومات المالية وإدخال الميزانيات العمومية للجهات الحكومية قد تم القيام بها بصورة مستقلة وينبغي ألا يوضع الاختيار على انه قضية أيديولوجية Ideological Issue، ولكن على أساس أنه خيار عملي يجب الاستجابة له بالرجوع للوضع الخاص بالبلد.

إصلاح القطاع العام أو إصلاح الإدارة المالية

Public Sector Reform of Financial Management Reform

ظهرت معضلة (مشكلة) مماثلة في الإجابة عن السؤال وهو: هل ينبغي القيام بالإصلاح المالي (المتكامل أو المحدد) كجزء لا يتجزا من الإصلاح الشامل للقطاع العام أو اعتباره جهداً منفصلاً؟ ويقترح مؤيدو الأسلوب الأول أن الأزمة المالية في العديد من الدولة جعلت حكوماتها تقوم بالاندماج المالي. وهذا يتطلب إصلاح الخدمة المدنية (بما في ذلك تخفيض النفقات) وتطوير المحاسبة والإدارة المالية وإصلاح قطاع المؤسسات الدولة (بما في ذلك الخصخصة) وإصلاح القطاع

المالي، وخفض النفقات العسكرية وتطوير التشريع. والهدف الرئيسي هو تطوير الطريقة التي تطبق بها صلاحية إدارة موارد التنمية الاقتصادية والاجتماعية للدولة. ويدعم هذا الأسلوب تجارب كل من استراليا ونيوزلندا والعديد من الدول الأفريقية. وعلى ذلك يمكن القول بأن إصلاح الإدارة المالية مبرر حتى في حالة وجود أزمة مالية كبيرة تهدد استقرار الدولة. وكما يتضح من المناقشة الواردة في الفصول السابقة، فإن المحاسبة الحكومية قد تطورت ببطء أكثر من المجالات الأخرى، وهناك الكثير الذي ينبغي عمله قبل اعتبارها كافية وملبية للمهام الحالية والمستقبلية للدولة. ومن الناحية العملية يعتمد خيار الإصلاح على ما هو عاجل ومفيد (مُجدٍ Feasible) ولكن حيثما يوجد جهد ضخم لإعادة توجيه إدارة المحاسبة فقد تكون هناك مزايا في القيام بتطوير الإدارة المالية مترادفة مع إصلاح القطاع العام.

أساسيات التقنية أو اعتماد التقنية العالية:

Imperatives of Technology & High – Tech Dependency

سهل استخدام تقنية الحاسب الآلي المتوفر بعض التطورات في المحاسبة بصورة فعلية، ولكن مداخل بعض الحكومات تجاه هذه العملية يظهر فيها بعض التكافؤ. ومن ناحية أخرى نجد أنه من المعروف أن التقنية تقتضيها الأوقات، وأن عدم انتهاز الفرصة للتحديث يمكن أن تنتج عنه خسائر لا يمكن التراجع عنها ولا

يمكن التعويض عنها بأي حال. إن عدم الحصول على التقنية الأساسية يمكن أن يضعف قدرة الدولة على اتخاذ القرارات وبالتالي قدرة الدولة على المنافسة. إضافة إلى أن متطلبات المعلومات لأي حكومة في العالم الحديث، لم تعد تنحصر في تطبيق التقنية، ولكن ما هي الوظائف التي تستخدم فيها؟ وما هي الأجهزة والبرامج التي يجب شراؤها؟ ومن الجانب الاخر أوضحت التجربة أن هناك العديد من الصعوبات في استخدام التقنية وأن هناك اعتماداً على التقنية. وحتى البعض يؤكد أن التقنية الحديثة قد تتطلب قدرات قد لا تتوفر محلياً. وهذه الاعتقادات تحتاج إلى تطليف بإدراك التقدم السريع الذي حققته بعض الدول في الحصول على مزايا التقنية.

الإصلاح الفجائي أو التدريجي "Big Ban", or Gradualism:

إن سير التنمية أصبح مسألة بارزة خلال السنوات الأخيرة مع عودة المصطلحات إلى الوراء، إلى زمان بدء خلق الكون. فهناك رأي يقول بضرورة سرعة تنفيذ التحول التقني، بينما يرى الرأي الآخر أن التنمية الأساسية بطبيعتها بطيئة وترى المدرسة الأولى أن الحاجة إلى نتائج سريعة حتمية وقائمة، وأن التأخير في التنفيذ يمكن أن يضر (يؤثر) بالتقدم. لذا فإنه ينبغي الحصول على النتائج قبل أن تقوى المعارضة للتقدم وهذه الحجة تتجاهل الحكمة الإدارية لصانعي السياسة. وقد يبرز سوال حول ما إذا كان صانعو السياسة يختارون الإبطاء (عدم السرعة)، بينما

تشير كل المؤشرات إلى إمكانية تحقيق نتائج أسرع وفي أي حال نجد أن مسألة الفترات نسبية في طبيعتها وأن عنصر الزمن في هذا السيناريو هو أن التطور يظل بحاجة إلى التحديد إضافة إلى أن حجم التنفيذ يحتم كيف يمكن تحقيق النتائج بسرعة.

وقد يأخذ جعل النظم المحاسبة نمطية مثلاً حوالي عقد من الزمان. وقد واصلت بعض الجهات في الولايات المتحدة عملية وضع تنميط الأنظمة لأكثر من عقد من الزمان ولا تزال العملية بعيدة عن الاكتمال، لأن المعايير نفسها قد تغيرت خلال هذه الفترة استجابة لتطورات نظرية وتقنية. وقد أوضحت تجربة استراليا ونيوزلندا (التي بدأت في تغيير كبير لأنظمة الإدارة المالية لديها في أوائل وأواسط الثمانينيات) أن التطور التقليدي ليس ملائماً في فترة قصيرة جداً. ويجب على الحكومات (أثناء بذل الجهود لتقوية أنظمتها) أن تركز اهتمامها لاستمرار جهودها خلال الفترة المتوسطة.

على الرغم من أن الإصلاح المحاسبي لم تفسده السياسة حتى الآن، فإن عدم تحقق نتائج خلال الفترة القصيرة يمكن أن يؤدي لتراخي الحكومات أو تركها للأمر وأن الالتزامات التي تمت خلال السنوات السابقة (والتي بدأت ملزمة ولا مفر منها عند إجرائها) أصبحت فجأة كماليات لا يمكن الوفاء بها بعد ذلك وقضية

الحكومات هي كيفية إيجاد طريقة للإجماع خاصة بالتطوير التقليدي الذي يتطلب وقتاً أطول.

المساعدة الخارجية أو الموارد الداخلية:

External Assistance or Internal Resources:

إن الدولة النامية التي بدأت في إصلاح أنظمتها المحاسبية لديها اختبار إضافي يجب عمله. فالأنظمة القائمة معظمها من آثار الاستعمار السابق والتقدم نحو الإصلاح (مع إضافات حالات القصور المحلية لها) تنبثق جزئياً من الجهود التي نشأت في الدول الصناعية بالإضافة إلى أوجه القصور المحلية. ويمكن للدول النامية، عن طريق ملاحظة خبرات الدول الصناعية بعناية، أن تحصل على المزايا بدون تكرار عملية التطور برمتها. ومكاسبها هي مكاسب أقل ولحدٍ ما فإن جهود الدول النامية لتقوية أنظمتها الحاسبية قد شجعتها المنظمات الدولية التي أوضحت جهودها المور عبر السنين الماضية وسهلت انتقال المعرفة الفنية وطورت اكتساب المهارات الفنية وقد ضمنت المنظمات الدولية والجهات المانحة عدداً من برامج الإصلاحات على أساس ثنائي والقضية التي تواجه صانعي السياسة الآن هي تحديد الأدوار النسبية للسلطات المحلية والوكالات الدولية.

على مر السنين طورت الجهات الدولية جدول الأعمال الخاص بها الذي حدد في جزء منه باهتماماتها العملية وقد لا يكون جدول الأعمال هذا منسجماً بالكامل مع جدول الأعمال أو الاحتياجات المعترف بها ذاتياً لدى الدول إضافة إلى أن دعم الجهات قد لا يكون منسجماً بالكامل مع جدول الأعمال أو الاحتياجات المعترف بها ذاتياً لدى الدول، إضافة إلى أن دعم هذه الجهات قد لا يكون متوفراً بصورة مستمرة لذا فإن الدول التي تعتمد على الجهات الدولية تعاني من حالات انقطاع الدعم وعند استئناف الدعم يكون من الصعب استعادة الزخم المفقود. وفي بعض الحالات قد تكون المكاسب ضائعة بحيث يتعذر استعادتها، وقد يتعين على الدول البدء من بداية أخرى جديدة. كما أن الدعم قد يكون في شكل قرض يصاحبه تأثير خصا بعبء خدمة الدين للبلد المتلقي له.

من المهم معرفة أن الإجراءات الهادفة لتقوية أنظمة المحاسبة يمكن صياغتها وتنفيذها بواسطة الدولة ذاتها القائمة بالإصلاح. ومعظم الدول لها الآن عدد كبير من المحاسبين المدربين (بخلاف أولئك الذين يكتسبون المهارات أثناء الخدمة في القطاع الحكومي) والذين يمكنهم تطوير المعايير وتحديد اتجاه التطورات. وإن الحصول على الأجهزة والاستثمار المصاحب لها يعتبر قضية منفصلة وقد يتطلب مفاوضات للدعم الاجنبي وفي أي من الحالتين يكون استمرار التمويل ضرورياً ويجب ضمانه من قبل أن تشرع الدولة في الإصلاح.

القضايا العملية Operational Issues:

إن الدراسة السريعة للخبرات عبر الدول لتقوية أنظمة المحاسبة يكشف عن نوعين من القضايا هما: القضايا النظرية (المفاهيمية) والقضايا التفنية المنطقية. وتوفر كلاً من هاتين القضيتين توجهاً كافياً حول التفاصيل التي تحتاج الدول التي تشرع في الإصلاح إلى التركيز عليها.

من الزاوية المفاهيمية يبدو أن اهتماماً كبيراً لوكالات الإنفاق قد أعطى للعلاقات بين المنظمات الحكومية أكثر من نوع من الرقابة الداخلية المطلوبة للإنفاق ولوضع معايير لمفاهيم المحاسبة. وقد أسهم هذا الفشل في إعداد الأنظمة لتطبيق التقنية في خلق حالة في بعض الدول يوشك عندها الأفراد والذين يدخلون التقنية في الهيمنة على المنظمات الأخرى بتنفيذ إدارتهم والمهام المتعلقة بها. وهذا التعدي أو التوغل في الحلبة قد خلق احتكاكاً بين الأطراف المختلفة. أصبحت الأنظمة أدوات لتنفيذ العمليات الفنية في الجهات ولتحقيق الأهداف جزئياً فقط ويمكن تفادي هذه المشكلة في حالة وجود خطة إصلاح متناسقة (حتى المراحل الحدية تتطلب خطط عمل) وفي حالة تشريعقانون لهذا الغرض وبدون تحديد وضاح وقانوني للمسئوليات (إذا كان ذلك ملائماً) فإن التكرار وعدم التناسق والسلوك غير الصحيح يرجح أن تقضي على المكاسب الصغيرة المتحققة.

ويقال بالتحديد بأن أنظمة المعلومات في الدول الأفريقية تفشل أو لا تؤدي المطلوب منها غالباً أكثر مما تنجح في القطاع العام (في أفريقيا) نظراً لقلة القديسين وكثرة الشياطين، كما أن السحرة غير ملائمين والأنظمة معقدة والمنظمات ضعيفة. ويزعم أن السلطة في عمليات القطاع العام شخصية واجرائية وأن هذه العمليات تدار بالأوامر بدلاً من الإجراءات. ويلاحظ "هايدن Hyden" (1983م) أن قواعد التوظيف والفصل من الخدمة، على سبيل المثال نادراً ما تلاحظ في افريقيا، وأن المواد المشتراه لأغراض محددة يتم تحويلها عادة لأغراض أخرى، وأن المواقف تجاه التخطيط والجدولة مرنة، وأن هناك تعلماً تنظيمياً طويل الأمد ولا توجد في الخدمة العامة، وأن هناك اتجاهاً نحو تمويل المؤسسات الضخمة تكاد تكون مقسمةً إلى مؤسسات أصغر، ويهيمن عليها مديرون أفراد.

على الرغم من أن هذه الخصائص توصف بأنها حالات قصور شائعة في أفريقيا، فإن دراسة أكثر تفصيلاً ستكشف أنها ليست دائماً سلبيات (ومما لا شك فيه أنها يمكن أن تعتبر ـ في بعض الحالات ـ أمثلة لقيادة رائدة وأساليب نحو المرونة الإدارية) وليست بالضرورة محصورة في افريقيا. إن أسلوب الإدارة الشخصي جداً الذي لا يجب أن يعتبر بديلاً لسيادة القانون، كثيراً ما يثبت أنه منتج في الدول التي تكون فيها المؤسسات لا تزال وليدة ويشير المراقبون إلى أنه في تلك الحالات وعندما ينتقل القادة لموقع آخر قد يعاني الإصلاح من الانقطاع وكيف ما يكون

ذلك فإن هذه الاعتبارات تقترح استمرارية الحاجة للاستثمار في الموارد البشرية وتطوير المؤسسات وفي غياب تلك الجهود لا يمكن للاستثمار في التنمية أن يأتي بالنتائج المرجوة وأن الأمل في أن توفر التقنية حلاً جزئياً لمشكلات المحاسبة لن يتحقق. ومن الواضح أن الأنظمة الإدارية يجب أن تعد لتطبيق التقنية.

تنشأ القضايا العملية الأخرى أساساً بالرجوع إلى استخدام التقنية وعلى الرغم من اختلاف التجارب، فإن بعض المشكلات المألوفة تبرز أولاً، وكثيراً جداً لا يأخذ تصميم الأنظمة في الحسبان للمتطلبات المحددة للجهة. فمثلاً، في الإدارة العامة للإنفاق توجد ثلاثة عناصر متبادلة للدعم هي: هندسة المعلومات (التي تضع ملخصاً للطرق الوظيفية وبيانات للمعلومات المتعلقة بها)، وهندسة الأنظمة (تضم نموذجاً لقواعد المعلومات وتدفقاتها)، وإنشاء التقنية (تحديد احتياجات كل وحدة قياس وتحديد ـ على ضوء ذلك ـ نوع الجهاز والبرامج الملائمة لذلك الغرض) في الواقع العملي، بعض هذه العناصر قد لا يتم معالجته بالكامل، وكثيراً ما يحاول المصممون غير المؤهلين استغلال الموقف والنظر إلى مهمتهم على أنها ترويج للأجهزة والبرامج المتوفرة في السوق أياً كانت. ومن الناحية العملية، فإن الدور المساند المتوقع أن تلعبه التقنية معرض للخطر. ثانياً: إن البرامج قد تفرض على الزبون دون إظهار القدرات العملية للنظام المقترح بصورة صحيحة. ويحمل هذا مضامين مالية وتنظيمية خطيرة، ويمكن فقط تنبيه المشتركين للحاجة إلى

التقييم الحذر لموردي البرامج. ثالثاً: إن سياسة مشتريات الدول وإجراءاتها قد يكون لها تأثير في الحصول على التقنية القديمة التي تجاوزها العصر لأنها أقل تكلفة وهذه السياسات يحتمل أن تكون مكلفة جداً على المدى المتوسط. ولأن التقنية تخضع للتغيير الجذري فقد تكون ملائمة أكثر لاختيار منتج أعلى تكلفة في حالة انسجامها مع النظام القائم، ويمكن أن تلبي الحاجات المستقبلية للجهات. وأخيراً فإن الأنظمة قد تحتاج إلى عمالة بصورة مكثفة أكثر مما هو مفترض عند الشروع في الإصلاح. كما أن خبرة كل من الدول الصناعية والنامية تؤيد هذه النتيجة. وايضاً إن إدخال خبرة التقنية لا ينبغي أن يقاوم بالضرورة. وهذه القضايا توضح الحاجة إلى اليقظة التامة والاهتمام المستمر بالتفاصيل.

خطوات نحو التطوير Step Forward Improvement:

على ضوء النقاش المتقدم للقضايا يمكن عمل إحصائية أكثر عملية لخطوات التطوير:

1. أي إطار للتطوير يجب أن يبدأ بدراسة النظم القائمة والمشكلات المصاحبة لها ما هو المتوقع تحقيقه من النظم؟ وكيف تعمل؟ وإلى أي مدى يمكن أن تنسب المشاكل إلى الأساليب القديمة، والاهتمام غير الكاف للموارد البشرية، وكذلك لقاعدة التقنية السيئة التجهيز؟ ما هي الاحتياجات

الحالية لمستخدمي النظام؟ ونظراً لأن نجاح المحاسبة في الحكومة يعتمد على المدى الذي تكون فيه المحاسبة قادرة على توقع وتلبية حاجات صانعي السياسة، فإن الدراسة يجب أن تعطي اهتماماً للاحتياجات المتغيرة للمستخدمين.

2. وفي تصور للأجوبة عن هذه القضايا القضايا ذات العلاقة يجب على صانعي القرار (السياسة) ملاحظة النقطتين التاليتين: الأول: أنه يمكن أن يكون هناك أكثر من إجابة لكل واحد من الأسئلة واختيار الصحيح منها هو الجزء الحاسم في العملية. الثانية: مع الطبيعة الفردية لأعمال الحكومة فإن أساليب المحاسبة التجارية قد تحتاج إلى تكييف واسع لتلبية احتياجات الحكومة.

3. يجب تطبيق الإطار الموضوع لإصلاح النظام أولاً على أساس اختياري على قليل من الجهات الحكومية. وهذا التطبيق المحدود يوفر إمكانية احتواء الأخطار وكشف المشكلات قبل أن تستعصى ويستحيل حلها. إن الجهات الحكومية لها أهداف ومهام وأنشطة مختلفة كثيراً، وأن خبرة واحدة منها قد لا تكون انعكاساً للأخرى وإن التجربة تبقى خير برهان (معلم Teacher) وهم من ذلك فإن التطبيق الاختباري يعكس ما إذا كانت التكلفة والفوائد

تتساويان تقريباً مع التقديرات الأولية أم لا، وإذا كانت الإجابة بالنفي فما هي التعديلات المطلوب عملها؟

4. إن الخبرة المكتسبة يمكن استخدامها لصياغة القوانين التي تطبق على جميع الجهات الحكومية. وهذه القوانين سوف تعزز تطبيق النظام المقترح، بينما تظهر بالكامل مدى التزام الحكومة بالإصلاح، ويوفر هذا التطبيق فرصة لكسب تأييد الرأي العام لصالح النظام.

المراجع:

1. د. أحمد نور، مراجعة الحسابات من الناحتين النظرية والعملية، الإسكندرية، 1984، مؤسسـة شباب الجامعة.
2. د. خالد الخطيب، دراسة متعمقة في تدقيق الحسابات، كنوز المعرفة، 2009،.
3. خالد أمين عبد اللـه، التدقيق والرقابة في البنوك، دار وائل للنشر، 1998.
4. د. خالد أمين عبد اللـه، تدقيق الحسابات الناحية العملية، دار وائل، 2004.
5. د. محمد أبو نصار، د. جمعة حميدان، معايير المحاسبة الدولية، 2008.
6. د. خالد الخطيب، أصول محاسبة، مكتبة المجتمع العربي، 2009.
7. د. سامي وقاد، محاضرات لمادة تدقيق الحسابات.

المحتويات

Printed in the United States
By Bookmasters